金融経済の裏側

小名木善行

青林堂

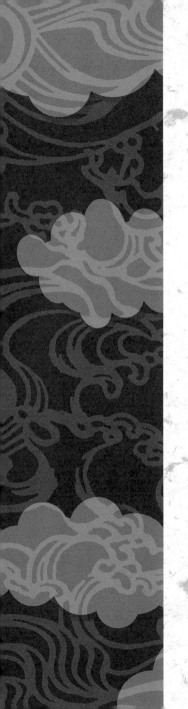

はじめに

現代は情報リテラシーが求められる時代だと言われています。情報を適切に理解解釈分析して、これを記述するなどして表現する能力が求められる、そういう時代になっています。人の言うことを、ただ真に受けるのではなく、自分の力で考える。そういうことが必要な時代になっているわけです。これは情報そのものを取得すること自体がたいへんだった一昔前とは、まったく異なる新しい世相です。昔は、知識があるというだけ、知っているというだけですごい存在だったのです。けれどいまは単なる知識であれば、誰でもいくらでもネットで取れる時代です。だからこそ、単なる知識ではなく、それがどういうつながりを持っているのかを自分の頭で考える力が必要になってきた、というわけです。そしてこのとき必要なことは、歴史の流れを振り返ってみることとです。

歴史というのは、過去の流れのことを言います。歴史上の事実のことを言うのではありません。たとえば「関ヶ原の戦いが西暦1600年に起きた」のは歴史上の事実であって、歴史ではありません。どうして関ヶ原の戦いが起きたのか、そしてその結果、何が起きたのかを、再現可能性が最大になるように《つまりこうでこうなら、必ず結果としてこういうことが起きるよね》というところまで煮詰めたストーリーが歴史です。そうすること過去の流れを知り、その結果としての現代における横のつながりを踏まえて、未来を築くのです。歴史はそのためにあります。

本書は、倭塾で「ＤＳの歴史」と題してお話をさせていただいたときのものを、まとめて本にしたものです。いわゆる陰謀論とされるものがあります。流布している説は、おおむね「世界の国々をＤＳ《Deep State》なるものが支配していて、そのＤＳの正体が国際金融資本にある」というものです。けれども国際金融資本というものは、もう何百年も昔から存在するものですし、そういう機能があるから異なる通貨の交換や国際交易ができるのです。つまり国際金融資本は陰謀ではなく、実はもともとある国際的な金融の常識でしかありません。

そのような常識が、では何故ここにきて、いかがわしい「陰謀」のように語られるようになったのでしょうか。そうれは、従来からある国際常識を不都合と考える人たちがいるからかもしれません。いささかややこしいですが、陰謀論を仕掛けている人たちこそが、実は陰謀を働く者たちなのかもしれません。そこでＤＳと呼ばれる国際金融資本が、何故誕生し、どのような役割を担い、そして現代に起きている問題の本質とは何かを、あらためて歴史のストーリーという観点からまとめてみました。

本書は「ＤＳの陰謀だ」と決めつけたい方々にとっては不都合な本であろうと思います。

けれど物事を自分の頭でしっかりと考えたいと思われる方々にとっては、ひとつの考え方として、きっとお役にたてる本になっていると思います。

日本をかっこ良く!!

小名木善行

目次

第1章

DSの歴史

一　元の通行証

▼世にも不思議な紙の通貨

現代を生きる我々は、たとえば1万円札が手元《てもと》にあれば、そのお札に1万円分の価値《かち》があると何の疑問も持たずに思い込んでいますが、これは考えてみると、とっても不思議なことです。どうして紙が交換価値を持つおカネになるのでしょうか。

かつて大陸に満洲国がありました。この満洲国にも紙の通貨《つうか》がありました。満洲国が崩壊したとき、国が発行していた紙の通貨は、本当にただの紙切れになりました。使いみちのなくなったその満州紙幣を、ですからシベリアに抑留されていた元日本兵たちは、落し紙《トイレットペーパーのこと》として使ったという記録があります。見た目は豪華な落し紙でしたが、紙幣はもはや紙切れ以外の何物でもなかったのです。

紙でできた通貨は、その紙を発行していた国がなくなると、ただの紙切れになります。私たち日本人は、日本という国が《数々の危機はあったものの》これまで一度も滅びることなく2千年以上の歳月を刻《きざ》んできたことから、まさか国がなくなるなんて思いも寄らないことと思います。ですから中にはひどく簡単に「日本なんてなくなれば良い」などと平気で口にするテレビに出てくる評論家さんなどもおいでになったりします。けれど、ひとたび世界を見渡せば、いま世界で国として認識されている国は、国連加盟国だけで193カ国ありますけれど、その一方で第二次世界大戦以降に消滅した国は、作りそこねたアトランティス共和国やミネルバ共和国などまで含めると105カ国もあるのです。世界において、国というのは決して永続的なものではないのです。そして国がなくなれば、あたりまえのように、その国が発行する紙の通貨の値打ちもなくなるのです。

さらに国がなくならなくても、通貨の価値が失われることがあります。明治維新のとき、それまで使われていた幕府発行の小判や銀貨、六文銭などが廃止になりました。新たに明治新政府が発行する円札しか使えないことになったのです。ところがこの円札、当初はまったく世間に信用されませんでした。結局、明治新政府が発行する紙のお札は、額面の半値程度でしか取引されない。このとき明治新政府を信用して、あらん限りのお金をかき集めて新札を買いまくっていたのが岩崎弥太郎で、後に明治政府が日本銀行を創設して、額面金額の保証がなされるようになったことで、弥太郎は一夜にして大儲けをし、できた財閥が三菱財閥です。

悲惨だったのが先の大戦に敗れたときです。日本は一時的にGHQの軍事占領統治下に置かれましたが、このとき、それまでの旧円紙幣は、いま使われている新円に強制的に切り替えになりました。これによって明治以降発行されていた通貨は、預金から月に引き出せる金額がひと世帯あたり上限500円とされました。これによって戦前戦中まで巨額の現金資産を持っていた資産家は、財産をほぼ全部失うハメになってしまったのです。昭和二十一（1946）年のことです。

要するに、意外と紙でできた通貨の価値というのは曖昧なものでしかないのです。スーパーのポイントを1万円分持っていても、そのスーパーが倒産したら、それまで貯めたポイントは全部無効になるのと同じです。

では、そもそもただの紙切れがどうして通貨として流通するようになったのでしょうか。実は、紙の通貨の歴史は、わずか700年余りでしかありません。それまでは物々交換が主流で、金銀銅といった金属がその補助《つまりスーパーのポイントのようなもの》として使われていました。それが、印刷すればいくらでも発行できる紙に入れ替わったのが、実は、モンゴルの大帝国の時代からのことです。

▼飲料水と城塞都市

13世紀にユーラシア大陸を席巻《せっけん》したモンゴルの大帝国について、学校ではせいぜい、成吉思汗《ジンギスカン》が創建したこと、モンゴル軍がめちゃくちゃ強かったこと、あとはフビライが日本に攻め込んだ元寇《げんこう》があったことくらいしか教えません。ちなみに元寇と呼ぶようになったのは明治時代の中頃からのことで、それまでは「蒙古襲来《もうこしゅうらい》」と呼ばれていました。明治時代に朝鮮半島や大陸の人たちが「俺たちは倭寇《わこう》で困《こま》らせられたのだ」と、あまりにしつこくいうものだから、日本人が反対に「お前たちだって元寇をしたではないか」と言い返したことから、元寇と呼ばれるようになりました。

さてモンゴルの大帝国は、それまでにあった東洋と西洋という2つのまったく異なる文化を融合させ、さらに人類初の広域で使える、いまに続く紙の通貨を実現したという、世界の歴史にものすごく大きな影響を与えた超大国です。その意味で、モンゴルの大帝国は、もっと深く研究され、学校でもしっかりと教えられるべき歴史上の大帝国だと思います。

モンゴル帝国は、現代世界にあるような国境線を持ち、国境の内側が自分たちの国であるとする領域国家《りょういきこっか》ではありません。離れた場所にある城塞《じょうさい》での都市国家の集合体です。モンゴル人がその都市国家の城主になることで、広大な範囲の城塞都市がモンゴルの支配下に入りました。

大陸の内陸部というのは、あまり水がありません。ですから飲料水の湧《わ》く場所がオアシスとなって、そこにいつしか人々が集まって集落をつくり、それが巨大化して城塞を持つ都市国家となりました。ですから国といえるのは、石垣で囲まれた城塞の内側だけで、その外側は、城が多少の影響力を持つ領外の地でしかなかったのです。

そうした城塞から城塞へと、人々は往来しました。理由は3つあります。

1つ目は大陸内部の遊牧生活に、城塞内部にある水が欠かせなかったこと。

2つ目は城塞ごとに物産があり、それを交易すれば儲《もう》かったこと。

3つ目は城の周囲で畑作をする農民たちは、収穫期《しゅうかくき》になるとひどい収奪《しゅうだつ》に遭《あ》うため、収穫期の前に作物を収穫して夜逃げしてしまうのが常だったことです。

夜逃げしても飲料水がなければ人間は死んでしまいますから、結局、どこかの城塞に逃げ込まなければなりません。なぜなら城塞の中にしか飲料水がないからです。そこで大陸の税はほぼ城塞に入る際の通行税として発達しました。

日本は、国が安定し、古い昔から民衆が天皇の「おほみたから」とされてきた国柄を持ちます。ですから、税は収穫したお米を規定量納めれば足りましたし、納めたお米は、お上によって2年分が保存され、万一の災害が起きて地元に食べ物がなくなったときには、それまで納めたお米の何倍ものお米を返してもらうことができました。つまりお米による年貢は、いまでいう災害保険の役割を担《にな》っていたわけで、ですから戦前戦中までの日本では、納税期間に税の納付を怠《おこた》る人が、全国にひとりもいない、というのが、我が国の自慢でもありました《現代とはだいぶ違いますね》。そういう意味で我が国では、所得税が基本税となっていますが、大陸は違います。もっとも効果的な税は、城塞の入り口に徴税吏《ちょうぜいり》を兼《か》ねた門番を置き、その門番によって城塞の入り口を通過する人たちから税を厳しく取り立てることが、税の基本だったのです。繰り返しますが、水が城塞都市にしかなかったからです。

ところが時は中世です。通行税は必ずしも一律ではありませんでした。では税額がどのように決まるのかというと、通行する人と門番を兼任している徴税吏の力関係で決まりました。通行人が強そうなら税額は安くなるし、弱そうなら高くなり、なかには十割課税、つまり持ち物を全部取り上げられるなんてことも普通に行われていました。「水を飲みたいんだろ？

だったら、荷物を全部置いて行け！」というわけです。

▼モンゴルの大帝国の強さの秘密

そうした城塞都市を、モンゴルの大帝国は、またたく間に陥落させて帝国の一部に組み込んで行きました。なぜモンゴルがそれほどまでに強かったのかというと、これには2つの理由があります。ひとつは軍事、もうひとつは通行税です。

モンゴル軍が強かったことは、皆様すでにご存じのことであると思います。ただし、それは単に騎兵が強かったとか、馬上の弓隊が強かったとかいうわけではありません。もちろんそうした側面もあるのですけれど、一番大きな要素は、モンゴルはまたたく間に大軍を集めることができた、という点にあります。なぜそのようなことができたのかというと、ひとことでいえば、モンゴルに味方して戦えば、誰でも必ず儲かったのです。モンゴルは、実は日本の源氏とまったく同じ報酬制度を設けていて、戦利品は2割を将軍が取り、残りの8割を10人の直下の副将に均等に分け与えます。副将は与えられた恩賞の2割を自分の取り分として、残りを部下の10人の准将に分け与える。以下この繰り返しによって、末端の一兵卒に至るまで、確実に必ず報酬が与えられるようにしていました。この報酬は徹底していて、たとえ戦いで命を失っても、その恩賞は遺族のもとに必ず届けられました。そういう次第ですから、モンゴルに味方する兵は、またたく間に集まって大軍になりました。圧倒的大軍ですから、戦えば必ず勝ちます。そして勝てば、必ず報酬が、絶対にもれなくもらえます。つまり、モンゴルに味方して戦えば、必ず誰もが儲かったのです。

▼メリハリの効いたモンゴルの統治

そしてモンゴルは、陥落《かんらく》させた城塞に、新たな支配者としてモンゴル人を３人送り込み、その城塞都市の入り口の通行税を一律にしました。するともはや門番に収奪されることがありませんから、城塞間の交易が活発に行われるようになります。当然、城塞内は好景気に沸《わ》くことになります。つまり城塞に住む誰もが儲《もう》かるようになったのです。ですから、城塞の王が、モンゴルに楯突《たてつ》いて、「俺の城は絶対に渡さない」などと粋《いき》がっても、城の住人も軍も、むしろモンゴルによって自由な往来、自由な暮らしができるようになることを望みました。つまり、戦う前から、城塞の側は敗北していたのです。そこに大軍がやってきて、王を倒し、王が所持していた財宝をすべて没収して、モンゴルの軍で分け合いました。敗れた側の城の住民は、その恩恵にはあずかれませんが、次のモンゴルの戦いに先頭きって参加すれば、次回以降は必ず、確実に大儲けができたのです。

それまでの城塞内での抑えられていた暮らしはどこへやら。城の暮らしは楽になるし、自由になるし、活発な交易で様々な物産が入ってくるし、男たちは次の戦《いくさ》に参加する都度、大量の財宝を持って帰ってくる。しかもモンゴル人が行う城の支配は、宗教は自由、お金儲けも自由、結婚も自由、法外な通行税を取られることもないし、城の周囲の農民も、作物を収穫前に持ち逃げしなくても、誰にも収奪されることがない。できた作物は城内の市場に並べれば右から左に売れていく。なにしろ城の経済は、まるでバブル期の日本経済並みに活発になっているのです。

一方で、悪いことをすれば、即座《そくざ》に殺されました。とりわけ城の支配者として派遣されている3人のモンゴル人のうちの誰かひとりでも殺そうものなら、またたく間にモンゴルの大軍がやってきて、城内の者は老若男女関係なく、皆殺しになりました。要するに、約束を守ること、人の名誉を傷つけないこと、悪さをしないこと、この3つさえ守れば、あとは全部自由に暮らすことができたのです。これは大陸の暮らしとしては、過去に類例のない、素晴らしい時代でした。

そういう次第ですから、交易商人や、貧しい民衆にとって、自分と関わりのある城塞がモンゴルの支配下に入ってくれれば、もはやそれまでのように通行税に苦しめられることなく、また努力すれば努力した分、ちゃんと自分が報《むく》われるようになる。ですからモンゴルの支配下にまだ入っていない城塞は、民衆や交易商人たちから、「ぜひ、こちらの城にも来てください」と、モンゴル兵へのラブコールが次々と起こりました。つまりそれまでの王が治《おさ》めていた城塞都市王国は、モンゴルと戦う前に、すでに敗《やぶ》れていたのです。

モンゴルの支配下に入った城塞都市では、各人の宗教も結社も商業も思想も、まるごとその存続が認められました。どんな神様を信仰していようが、政治結社を作ろうが、どのような商売をしようが、それらはすべて容認されました。それでいてモンゴルの大帝国が一切のトラブルを起こさなかったのは、税さえちゃんと払っていれば、あとは城塞内の人々の一切の自由を認めたからです。

この点、現代世界では、宗教や思想の対立が多くの人の命を奪っており、国際政治の大問題となっています。これと比べると、モンゴルの大帝国は、もしかすると現代よりも、ずっと良い統治をしていたといえるかもしれません。

こうしてモンゴルは、またたく間にユーラシア大陸を席巻《せっけん》していくことになったのです。

▼モンゴルの大帝国がはじめて実現した、国が発行する紙幣

モンゴルの支配下に入った城塞に出入りする際に、通行税を定額《ていがく》にしてもらうためには、モンゴル帝国が発行する通行証の所持が必要でした。これはあたりまえのことで、まともな人なら、通行証をすぐに発行してもらえるのです。けれど犯罪を犯した逃亡者には通行証が発行されません。ということは、通行証を持っていない者＝犯罪者ですから、逮捕して即時処刑することができたのです。

このモンゴル帝国内の通行証のことを「交鈔《こうしょう》」と言います。はじめのうち交鈔は金属製で、モンゴル人たちだけは、ちょっと高級な黄金製、他の人々には銀製、銅製などの交鈔が造《つく》られていました。この交鈔を持っていれば、モンゴルの領域内のどこの都市に出入りするのも自由だし、通行税も、モンゴルが決めた極めて少ない税額だけで済んだのです。

ところが、ここに大きな問題が起こりました。モンゴル帝国が、あまりに短期間に巨大になりすぎたのです。このため、交鈔の発行量が級数的に増えてしまいました。こうなると交

鈔に使う金や銅が不足します。そこでモンゴルの大帝国は、紙に印刷した交鈔を新たに発行するようになりました。それが、モンゴルが金の帝国を滅《ほろ》ぼした1236年のことです。

「金国が滅んで紙の通貨が生まれた」というのは、何やらすごく象徴的ですが、モンゴルは、この紙の交鈔の受け取りを拒否した者を、あっさりと死刑にしました。これにより、紙の交鈔の流通が一気に加速し、またたく間にユーラシア大陸全体で紙の交鈔が用いられるようになりました。

交鈔を持っていれば、税が定額になるのです。つまり、交鈔1枚は、税額と等価になります。ということで、いつのまにか紙でできた交鈔が経済的価値を持つようになりました。実はこのことが、紙でできた紙幣の始まりです。城への出入りは毎日のことです。そしてその出入りに交鈔を持っていれば、税額が安くなるのです。これが相場になり、今度は税そのものを、紙の交鈔で支払うことができるようになりました。つまり紙の通行証が、定額の紙幣としての役割を持つようになったのです。初期の頃の紙の交鈔は、補助通貨程度の意味しか持ちませんでしたが、モンゴルの大帝国が、1枚1枚の交鈔に金銀との交換価値を定めたことから、交鈔はいっきに通貨としての機能を果たすようになりました。

こうなると、紙を印刷するだけで、いくらでも欲しい物が手に入るわけです。結果、交鈔が乱発《らんぱつ》されて、金銀との交換をするにも、肝心《かんじん》の金銀の量が足りないという事態が起こりました。そこでモンゴル帝国は、金銀ではなく、モンゴルが専売制を敷いていた塩と交鈔を交換できるようにしました。

日本人は四方を海に囲まれた国土を持つため、塩の重要性に気付きませんが、内陸部では塩がなければ人間、塩分が不足して死んでしまうのです。海がありませんから、近くに岩塩が出る場所でもない限り、塩の補給ができません。内陸部に住む人達が動物の肉を食べるのも、塩分が肉に含まれるからです。人の遺体を動物が食べ、その動物を人が食べる。こうすることで塩分が再利用されていきます。日本では考えられない暮らしが、そこにはあるのです。

モンゴルはこの塩の製造販売を独占し、専売制にしていました。しかも塩は消費財で常に生産され続けます。結果、交鈔の兌換《だかん》に困らないわけです。こうして交鈔は、次第に通貨としての地位を獲得していくことになるのです。

※注

モンゴルの交鈔以前にたとえば日本の和同開珎のような銀銭や銅銭が存在したではない

かと思われる方がおいでになると思います。本稿では、モンゴルの交鈔をあくまで「最古の《紙の》通貨」としてお話を進めていますので了承ください。

二　メイソンと石屋

▼石屋の活躍

ユーラシア大陸を制圧したモンゴルは、各城塞都市に派遣したモンゴル人たちを年に何回か集めて、互いの情報の交換をして、元の本国からの方針示達等を行っていました。そこには、それぞれの城塞都市の王となっているモンゴル人の男たちが集まりました。会議が終われば、必ず始まるのが、大宴会と博打《ばくち》です。そもそもたくさんの交鈔を持っている連中ですから、気がつけば互いに莫大《ばくだい》な額の博打によるおカネの貸し借りが生まれました。

博打のツケは必ず払うというのが、万国共通の男たちのルールです。それも各城塞都市の王たちの貸し借りですから高額です。ところが資金決済には、遠く離れた城塞まで遠路《えんろ》はるばる多額の現金《交鈔》を運ばなければなりません。これでは移動だけで、高額のコストがかかってしまいます。そこで活躍したのが石屋《いしや》さんたちでした。

城塞都市は石でできた堅牢《けんろう》な建造物です。戦いがあれば城壁《じょうへき》が壊《こわ》され、新たな城主は、その城壁を修繕《しゅうぜん》しなければなりません。また城塞内の間取《まど》りや門の改良や拡幅《かくふく》となれば、その都度、大規模な石積み工事が必要になります。こうして出来上がる堅牢で美しい石組みは、城塞都市の権力のシンボルでもあったし、城に住む人々の安心、安全の証《あかし》でもありました。ですから腕の良い石屋さんは、どこの城塞都市でもひっぱりだこになりました。大規模な工事ですから、仕事柄、石屋さんたちは、城主であるモンゴル人とも面識があるし、顔が広いし、ひっぱりだこだから儲《もう》かって、通貨である交鈔もたくさん持っていたわけです。

そこでこの石屋さんたちが、頼まれて城主たちの博打などによる貸し借りの資金決済代行をするようになりました。お金を持っているし、あちこちの城塞都市の城主との面識があるし、石組み工事は何ヶ月もかかるのです。石屋さんだからお堅《かた》いと思われていたかどうかまでは知りませんが、こうして石屋である人々が次第に通貨の決済代行サービスを行うようになりました。いまでも国際金融為替《かわせ》業の人たちが、自分たちのことを英語でメイソン《Mason＝石工》とか、ロック《石・Rocke》のフェラー《屋・Feller》さんと名乗るのは、このモンゴルの大帝国の時代の名残があるからです。

▼ペストの大流行で失われた帝国

こうして紙の交鈔は、ユーラシア大陸におけるモンゴル帝国内で共通の価値を持つものとなり、その為替等を行う石屋さん、つまりメイソン《石工・Mason》さんや、ロック《石・Rocke》のフェラー《屋・Feller》さんたちは、莫大な量の紙切れ資産を持つようになっていきました。

ところがここに大事件が勃発《ぼっぱつ》するのです。

それが14世紀のペストの大流行です。

チャイナの中央部あたりで発生したペストは、またたく間にチャイナ全土を席巻しました。これによって当時の元の大帝国の人口は、1億2000万人から、わずかの間に、たったの2500万人にまで減少しました。人口が5分の1に減ったのです。まさに猛威《もうい》です。

さらにペストは、モンゴル帝国の交易ルートに乗って、ユーラシア大陸を西へと感染が広がり、ついにはヨーロッパにまで達して、当時のヨーロッパの人口のおよそ6割を死滅させました。

伝染病のあまりの猛威に、モンゴル人たちは国を放り出して、皆で北のモンゴル高原に帰って行きました。北のモンゴル高原は人口が少なく、空気が乾燥していて風があるため、ペスト菌が飛ばされて感染が生じなかったからです。こうしてユーラシア大陸から、支配層であるモンゴル人たちがいなくなりました。また城塞都市の民衆のほとんどが死滅しました。こうしてユーラシア大陸を席巻したモンゴルの大帝国が消滅するのです。

このとき、誰もいなくなったモンゴル帝国の首都の大都《だいと》《いまの北京》に、ペストに罹患《りかん》しなかった者たちだけで勝手に強盗に入り込んだのが、貧農《ひんのう》の子であった朱元璋《しゅげんしょう》率《ひき》いる暴徒の一味でした。カラスが鳴《な》いているだけの誰もいない都に入って、彼らは勝手に「皇帝」を名乗り、「これからはモンゴルの支配ではない明るい国を創るのだ」といってできた国が「明国《みんこく》」です。嘘のような本当の話ですが、明が書いた歴史書には、ペストの記述はありません。朱元璋がモンゴルの支配に勇気を持って敢然《かんぜん》と立ち上がり、その朱元璋のもとに多くの優秀な将軍たちが集まり、腐敗した支配層であるモンゴルの大軍と果敢《かかん》に戦って勝利してできた国が「明」であると書いています。いつの時代も白髪三千丈《はくはつさんぜんじょう》の国なのです。

話をもとに戻しますが、感染症によって元は人口の8割が失われ《人口の減少はこの感染症に加えて飛蝗《ひこう》《バッタのこと》の大群の発生や大水害なども影響しました》、経済も生活も破壊され、モンゴルの大帝国は、こうして完全に崩壊《ほうかい》するのです。

ところが、こうなると困るのが石屋さんたちです。なにしろ、それまでモンゴルの大帝国がお墨付《すみつ》きを与えてくれていた《交換価値を保証してくれていた》交鈔を大量に持っていたのです。国が保証する紙の通貨である交鈔は、国がなくなれば、ただの紙です。石屋さんたちの財産もまた、紙になってしまったのです。ただ、それまでに、為替業《かわせ》を通じて金や銀などの貴金属も扱い、貯《たくわ》えていたことが、かろうじて彼らを生き残らせることになります。

三　シルクロードとオスマンの時代

▼オスマン・トルコの黄金

さて、紙の通貨がモンゴルの大帝国の崩壊によって価値を失ったからといって、通貨が必要なくなるわけではありません。では紙に代わって何が交換価値を持つようになったのかというと、それが黄金でした。

この時代、大量の黄金を持っていたのが、中東にあったオスマン・トルコです。学校では、オスマン・トルコといえば、強大な国家のように教えますが、この時代のオスマンは、単にオスマン親分のもとに集う、いわば清水の次郎長一家みたいなものです。つまりオスマン一家であったわけですが、そんなオスマン一家がモンゴル帝国の崩壊後、強大な力を持つようになりました。その力は、なんとヨーロッパ諸国まで制覇《せいは》するものになったのです。なにしろ富のある親分さんのところには、腕利きの猛者《もさ》が集まります。オスマン一家は、そうした猛者たちを使って、地中海の交易商人から通行税を強制的に取り立て、巨万の富を持つ強大な国に育つのです。

オスマン一家は、なぜ力を持ったのでしょうか。実はそれが「黄金の力」です。紙の交鈔がモンゴル帝国の崩壊で通貨の地位を失ったとき、代わって価値を持ったのが黄金だったのです。

黄金というのは、もともとは地底のマグマに含まれる物質です。これが火山活動によって地表付近に浮き出して結晶化して黄金になります。オスマン一家の本拠地である中東は、ご存じの通りの砂漠地帯です。しかも地殻活動である地震は、1万年に1度、震度1の地震があるかないか、という土地です。つまり、そもそも黄金を産出しない土地です。ではどうして、そんな土地に住むオスマンが大量の黄金を持ったのでしょうか。オスマン一家は、モンゴルの大帝国崩壊による紙の通貨の無価値化の影響を受けなかったのです。だからモンゴル後の西域の覇者となり得たのです。理由は何でしょうか。実はそこに日本が深く関係しています。

▼砂漠に生成されるガラス

中東の商人たちが、はるばるシルクロードを越えて東洋にまでやってきて交易をしていたことは、皆様ご存じの通りです。ではその中東の商人たちが、どのような品物を持って商いをしていたのかというと、ひとつが絹織物であるペルシャ絨毯《じゅうたん》、もうひとつがガラス製品です。

当時のガラスは、いまのように鉱物の石英《せきえい》を加工してガラスにしていたものではなくて、砂漠から原始取得《げんししゅとく》《ただで取得できるもの》されるものが活用されていました。

砂漠に雷《かみなり》が落ちますと、そこにガラスが生成されます。ですから激しい落雷の後には、砂漠のそこら中にガラスが生成されています。これを拾《ひろ》ってきて熱を加えてプウと吹くと、ガラスの壺《つぼ》が出来上がります。ガラスは少しの熱で容易に変形しますし、絵の具を混《ま》ぜれば美しくカラー化もします。つまり加工が極めて容易なのです。しかも仕入れの費用がタダとなれば、それを生活に活用しないわけがありません。そんなガラスをタダで取得できるのは砂漠に住む中東の人だけです。こうして中東の美しいガラス製品は、世界中で喜ばれる中東の主産物になりました。

とりわけそんなガラス製品を喜んだのが、ユーラシア大陸の東の外れの海に浮かぶ「YAMATO」と呼ばれた国でした。その国の名は、漢字では日本と表記され、中国語の発音が「ジッ・ポング」、これをモンゴルの時代のマルコポーロが、母国語で「ZIPANGU」と表記し、それがヨーロッパに伝わってジャパンとか、ヤポンとかヤパンなどと表記されるようになりました。

▼ただの塗料だった日本の黄金

日本は、国土が森林に恵まれていますから砂漠がありません。落雷によって山火事が起きることはあっても、ガラスが生成されることはありません。石英を使ってガラスを生成することができるようになるのは、もっとずっと後の時代のことです。だから大昔の日本人は、食器作りに粘土を使って土器《どき》にしたのです。そういう次第《しだい》ですから、当時の日本人にとって、半透明なガラスがものすごくめずらしく、価値あるものであったことは、いうまでもありません。なんといってもガラス製品は、御皇族の宝物《ほうもつ》として、正倉院にまで保存されているくらい貴重なものだったのです。

その日本では、黄金がたくさん採《と》れました。とりわけ東北地方では、川の水をザルで掬《すく》えば、金色のツブツブである砂金《さきん》がいくらでも採《と》れるほどだったのです。いくらでも採れるものというのは、沖縄の星の砂みたいなもので、希少性《きしょうせい》はあるもののたいした価値は持ちません。ですから日本では、黄金はおカネではなく、ただの塗料として用いられていました。

加えてモンゴル帝国の時代のユーラシア大陸では紙幣が用いられていましたが、日本はモンゴルとの国交がありません。蒙古襲来《元寇》があったからです。ですから交鈔が日本で通貨としての価値を持つこともありませんでした。通貨として用いられるためには、その国の税をその物体で支払うことができなければならないからです。

繰り返しますが通貨というのは、究極的には「その国で税を支払えるもの」のことをいいます。日本では税はお米で支払われましたし、お米を産しない漁業や林業、畜産業の人たちは、労役《ろうえき》や毛皮や昆布、材木などが税になりました。従って黄金は、染料や塗料や観光土産としてしか事実上、価値を持たなかったのです。

▼日本海交易とシルクロード

ところがそんな日本人が、日本海を回って対岸のウラジオストクの港まで行くと、そこには中東の商人がやってきていました。日本人にとっては、ウラジオストクまでの航路は、日本列島の日本海側を北上する対馬海流と、樺太の北側から大陸沿いに南下するリマン海流を用いることで、単に船を海にうかべているだけで、日本海を一周することができました。ウラジオストクまで、海流を使って楽々とたどり着くことができたし、ウラジオストクから日本までもまた、潮の流れに乗っているだけで、着くことができたのです。加えて日本海は内海です。太平洋側と違って波のうねりが小さい。内海ですから、万一漂流しても必ずどこかの土地に流れ着きます。航海の安全性が格段に高いのです。

こういうことを書くと「日本海だって波は荒い」と言い出す人がいますが、外洋航海の場合、たとえばインド洋ですと土用波《どようなみ》といって、高低差が50メートルもある巨大なうねりが発生します。このため超大型タンカーでさえ、木の葉のように揺れます。それと比べたら、日本海の波は、風波があっても、うねりが小さいから、はるかに航海が容易といえます。このため日本海を利用した交易の歴史は古く、すでに紀元前には航路が確立していたともいわれています。それくらい日本海航路は、古い時代からあったのです。

そんなウラジオストクに、あるときオスマンの交易商人がやってきます。彼らは日本にないガラス製品を持っていました。一方、日本からやってくる人たちは、オスマンの交易商人が喉《のど》から手が出るほど欲しがる黄金を持っていました。つまり、両者の物々交換には、相互にたいへんなメリットがあったのです。日本人は、そのガラスを貴族に捧《ささ》げることで税の免除をしてもらうことができました。

東北地方の人たちにとって、昔、税がお米であることは、たいへんなことでした。お米はもともと熱帯性植物ですから、寒冷地である東北地方では、お米の栽培《さいばい》が難《むつか》しかったのです《あきたこまちのような寒冷地に強いタイプのお米が生まれたのは、戦後になってからのことです》。お米が採れないから、税をもっぱら労役《ろうえき》で賄《まかな》うことが多かったのです。このことは、九州の熊襲《くまそ》にも同じことがいえます。熊襲の住む地域は火山灰土のシラス台地ですから、お米を作りたくても、土に水が染《し》み込んでしまって水田が営《いとな》めない。ですからもっぱら熊襲の人たちは、税を防人《さきもり》や土地開発のための労役で支払いました。けれど、お米は二期作で年2回収穫できますが、若者ひとりを補充するためには、最低でも16年の歳月が必要です。労役や兵役を勤めることで、若者が怪我をしたり死亡したりすることが続けば、それ以上の人の提供が困難になります。だから熊襲の人たちも、蝦夷《えぞ》と呼ばれた東北の人たちも、中央の大和朝廷に対してたびたび反乱を起こしたのです。

▼お米と労役

わが国が神武創業の時代から、お米を税としたことには理由があります。地震や水害など、自然の災害が多発する日本では、せっかく田畑で栽培した作物が、一瞬にして濁流に流されてしまったり、土砂災害で食べ物はおろか、住居まで失ってしまうことが、毎年、全国のどこかで必ず起きます。ただ、幸いにしてわが国は縦に長い国土を持っていて、全国が一斉に飢饉《ききん》におちいる心配があまりなかったこと、および冷蔵庫のなかった時代において、お米だけが常温で10年以上保存ができる食料でしたから、全国から少しずつお米を持ち寄り、これを中央の「御屋庫《みやこ》」に貯えておいて、食料の失われたクニに支給するということが行われるようになりました。そうすることで日本全国がひとつ屋根の下に暮らす家族となって、互いに助け合って生きていこう、というのが、初代神武天皇による日本建国です。だからこそわが国では、お米が税となったし、役人の給料もお米で支払われるという仕組みが確立したのです。けれどお米が思うように採れないクニでは、お米に代わって労役で税が納《おさ》められました。

一例を申し上げますと、ずっと後年の江戸時代、たとえば吉原の遊郭の経営者は、お米を栽培していませんから、お米で税を払うことができません。では吉原はどうやって税を払っていたのかというと、江戸城で宴会が催《もよお》されるときや、特別なお客様がおみえになるときなどに、吉原の遊郭の板前さんたちが、食材や食器を持って江戸城に行き、そこで料理を作りました。それが吉原の遊郭にとっての納税であったのです。

基本線はひとつに確立する。その基本線に収まりきらない場合は、また別な、その人達ができることで税を支払ってもらう。それが、何事にも対等を求める日本社会の税制であったのです。

しかしそうはいっても、東北の人たちや九州の熊襲などは、労役《ろうえき》で税を支払うけれど、労役は途中で病に倒れたり、兵としての出向は、ときに命を失ったり、大怪我《おおけが》をしたりということが起きるわけです。ところが東北地方に住む人達は、なんと、ザルで川を掬《すく》って金色のツブツブを得て、それをウラジオストクまで持って行くだけで、手に入れたガラス製品で労役免除を手に入れることができたわけです。これはいわば究極の減税対策です。

他方、オスマンの交易商人たちにしてみれば、自分たちがタダで原始取得したガラス製品をウラジオストクまで持っていくだけで、たった一度の交易の旅で、一生遊んで暮らせるだけの黄金を手に入れることができました。これは嬉《うれ》しい。ですからこの交易は盛《さか》んに行われるようになりました。こうしてついにユーラシア大陸の西のはずれのオスマンから、大陸の東はずれのウラジオストクまでを結ぶ交易ルートができてしまうのです。世にいうシルクロードの始まりです。

▼シルクロードの名の由来

シルクロードといえば、多くの日本人は「月の砂漠をラクダに乗ってはるばると」といったイメージを思い浮かべられる方が多いものと思います。これはＮＨＫが『シルクロード』

という番組で、砂漠を旅する壮大なロマンを喜多郎の美しい音楽に乗せて放送したことが一因です。もとより自然が大好きで情感を好む日本人は、それだけでうっとりして、すっかり騙《だま》されてしまいましたが、ちょっと立ち止まって考えていただきたいのです。

そもそも環境の厳しい砂漠地帯を何日もかけて旅をするのなら、その間の食料や水はどうするのでしょうか。たとえば30日分の食料と水、これに交易商品を乗せて運ぶ隊列を組むなら、ラクダの餌《えさ》も加えて、いったいどれだけの大集団を形成しなければならないのでしょうか。しかも交易商品がガラス製品です。ラクダの揺《ゆ》れる背中の上で、いったいどれだけのガラスを、割らずに運ぶことができるのでしょうか。

実は、この交易ルートにシルクロードと名付けたのは、19世紀のドイツの地理学者のフェルディナント・フォン・リヒトホーフェン男爵（Ferdinand Freiherr von Richthofen）です。彼は著書である『中国（China、Ergebnisse eigener Reisen und darauf gegründeter Studien）』という全5巻の本の第1巻（1877年出版）で、その交易ルートを「Seidenstrassen」と命名しました。シルクロードの名前は、そこから始まったのです。

ところがフェルディナント男爵には、どうしても解けない謎がありました。ササン朝ペルシャを出発して唐の長安《ちょうあん》《いまの西安》に至る交易を考えたとき、ペルシャの側には壺やガラス製の器機、絨毯《じゅうたん》など、さまざまな特産品があるのに対し、唐の長安の側には産物らしい産物がないのです。あるといえば、山くるみ、スキ餅、金華ハム、鴨の醤油漬け、木彫り、石彫り、茶、紹興酒《しょうこうしゅ》くらいです。くるみや餅やハムは長期間を要する旅で運ぶに適さないし、木彫りや石彫りならペルシャの方が技術が上です。つまり、圧倒的な最先端物産を持つペルシャに対し、唐の側には、それに応ずるだけの産物がないのです。

不思議に思ったフェルディナント男爵は、やむなく上海にほど近い杭州《こうしゅう》のシルク《絹》が、絹織物としてペルシャで珍重《ちんちょう》されたのではないかと推測して、付けた名前が「シルクロード」でした。

しかしペルシャにはペルシャ絨毯《じゅうたん》があります。ペルシャ絨毯は素材にシルクを用いますが、この絹はイランのカシャーンのあたりが大産地で、しかも非常に絹の品質が良い。つまりペルシャは、チャイナから絹を輸入する必要がまったくないのです。このように考えると、ペルシャの商人たちが、わざわざ遠く唐の長安まで出かけていく理由がなにもありません。ではどうして中東ペルシャの商人たちが、わざわざ危険を冒してまで唐の国にまでやってきていたのでしょうか。しかも「盛んに」です。商人というのは、儲かると思えば世界中どこへでも旅をしますが、儲からないことに動くことはありません。

このように考えると、ペルシャの商人たちが目指したのは、唐の国の都である長安ではなく、実はウラジオストクであり、そこで日本の黄金と、自分たちのガラスを交換していたのではないか、という筋書きが自然と見えてきます。

▼原始取得のガラスと原始取得の黄金の交換

ではペルシャ商人が、どうやってウラジオストクまでやってきたのかというと、実はこれもまた「月の砂漠をラクダに乗ってはるばると」ではありません。河川を使ったのです。インドと中東の境目を流れるインダス川をさかのぼり、タリム盆地を流れるタリム川からいくつかの川を乗り継ぐと、アムール川の上流にたどり着きます。そのアムール川を下って、途中から支流のラズドリナヤ川に乗ると、河口に出ます。そこがウラジオストクです。現代では、途中の河川が砂漠に埋もれて失われていたり、地中の川になってしまっていますが、600~700年前は、ここには大河が何本も通っていたのです。要するに中東の交易商人たちは、「月の砂漠をラクダに乗って」ではなく、明るい太陽のもとで、川を利用して「ラクラクと」ウラジオストクまでやってきていたのです。

ちなみに、数百年単位、数千年単位といった長い時間の物差しのなかで歴史を考えるとき、現代の地形だけで考えようとすると、必ず無理がきます。神武天皇の時代なら、大阪は巨大な内海の河内湖となっていましたし、関東は家康が入植する頃まで、広大な湿地帯でした。大陸においても、いまは砂漠化して消えてしまっていますが、かつては巨大な川があった場所がいくつもあります。たとえばウイグル人の住む崑崙《こんろん》山脈の近くにあるタリム盆地は、いまは何もない広大な砂漠《タクラマカン砂漠》で、日本に飛来する黄砂の原因となっている場所ですが、ここはもともとは広大な湖だった場所です。それがシルクロード商人が活躍した800年前頃には、巨大な川が縦横に走る盆地となっていました。だから楼蘭《ろうらん》や于闐《うてん》などの巨大都市が河辺に形成されて、シルクロードの重要な中継都市になっていたのです。いまは河川が失われた結果、楼蘭も于闐も、砂漠の中に廃墟をとどめているだけです。

こうした砂漠化は、気象条件の変化もさることながら、人が森の木々を伐ってしまい、さらに戦乱によって木々が燃やされ、森の貯水能力が失われてしまうことで、一気に進んだものと言われています。雨の少ない乾燥した大地にある森の木々は、一度伐採《ばっさい》すると、次に生えてくることがなく、森の貯水能力さえも失われて、その土地が砂漠化します。いま日本が輸入している木材も、そうした乾燥した大地を持つ国に生えている樹齢何千年の木々ですが、そうした乾燥した大地というのは、湿度が年平均で20％以下であったりします。ものすごく空気が乾燥していますから、しばらく表にいると唇がカサカサになってひび割れてきます。それほど乾燥しているのです。ですからこうした土地の木を日本に輸入すると、すでに伐採後の木であっても木は生きて呼吸をしていますから、日本の高温多湿の空気を、大喜びして、ぐんぐん湿気を吸い込みます。これがマンションや戸建住宅などの建築におけるカビの原因になっていたりします。

このような乾燥した土地ですから、燃料のためにと人々が木を伐採すれば、そこに次に木は生えてきません。森の緑は一度失われたら、二度と戻らなくなるし、森が失われれば土地の貯水能力が失われ、河川もなくなり、土地が砂漠化するのです。年次は異なりますが、広大な砂漠地帯となっているアフリカのサハラも、かつてはブラジルのアマゾンのような巨大河川とジャングルの密林を持つ一帯であったことが近年の研究で明らかになっています。

話が脱線しましたが、要するに中東商人たちは、船に乗って川を使って移動を行っていたのです。通路が川であれば、川魚が食料になるし、まだ川があった当時は、交易ルートには、真水の出るオアシス都市が形成されていました。苦労して砂漠をラクダで何ヶ月もかけて横切る必要など、何もないのです。そうしてウラジオストクまでやってくると、たった一度の交易で、一生遊んで暮らせるだけの黄金を手に入れることができたのです。

▼シルクロード交易で儲けたオスマン家

このウラジオストクまでの交易を、盛んに行ったのが、中東商人のなかでも、もっとも大きな勢力を持つオスマン家でした。当然彼らは、日本から大量の黄金を手に入れ、これをストックしていました。そしてモンゴル帝国が疫病《えきびょう》によって崩壊して、モンゴルの紙幣である交鈔の価値が失われたとき、巨額の黄金を持つオスマン一家が、その財力によって力を持つようになったのです。

そんなオスマン一家のもとには、力自慢の猛者たちがたくさん集まりました。なにしろモンゴル帝国が失われたあと、食わせてくれるのはオスマン一家だけなのです。そして集まった猛者たちは、地中海に進出し、そこで日常的に行われている地中海交易の商人たちから、法外な税を取り立てて、地中海交易を完全に支配下に置きました。このことは、イメージとしては、日本政府が失われたときに、いま物流の中心をなしている東名高速道路をマフィアのボスが支配下におさめるようなものだと言ったら、ご理解いただけようかと思います《トルコの方、ごめんなさい。ただのたとえです》。

こうしてオスマンの大帝国は栄え、オスマン帝国は、ボスのオスマン家の一族だけでなく、国民全員が豊かな暮らしを手に入れることができるようになります。

そうすると、豊かになったオスマン・トルコの国民は、財産を預金するようになります。このとき、資産を預けた先が、もともと金融為替業で広大なネットワークを持っていた石屋さんであり、その石屋さんの名前が、メイソン《石工》であったり、ロック《石》のフェラー《一家》さんであったり、そのチャイルド《子供》の一族であったりしたわけです。

四　ユダヤ人とディアスポラ

▼帰る土地を持たない人々

もともとモンゴルの大帝国の時代の石屋さんの経営は、モンゴル人たちが行っていたのですが、このときにその下にいて実務を担っていたのが、世界中に散らばっていたユダヤ人たちでした。

ユダヤの民というのは、もともといまからおよそ3000年前の紀元前11世紀頃に成立した古代ユダヤ王国の民だった人たちです。その古代ユダヤ王国は、他国に干渉されて紀元前928年に、内乱が起こって南北に分裂します。北がイスラエル王国、南がユダ王国です。

古来、敵を倒すには、敵を分断し、バラバラにして各個撃破するというのが世界の歴史です。同じ民族であっても、そうした工作によって国が分裂してしまうことはあり得るのだということは、日本人も肝に銘じるべきことですし、学校の世界史などでしっかりと教えるべきことです。


分断されると国力は弱まります。

紀元前721年には、北のイスラエル王国がアッシリアに滅ぼされ、紀元前586年には、南のユダ王国も新バビロニアに滅ぼされてしまうのです。そしてイスラエルの民衆（ユダヤ人たち）は、自分たちの国家を失ってしまい、流浪の民となるのです。

こうしてイスラエルの民は、各地に離散し、現代イスラエル国が誕生するまで長い離散生活をすることになりました。この離散生活者のことを「ディアスポラ（διασπορά、英：Diaspora, diaspora）」といいます。ディアスポラは植物の種などの「撒き散らされたもの」という意味のギリシャ語に由来する言葉で、これは「難民（refugee）」とは異なります。難民なら、元の居住地に帰還する可能性を含んでいるのに対し、ディアスポラには帰る土地がありません。ですからディアスポラという用語は、最近では混乱によって国外に亡命したルワンダのツチ族や、ソマリアを逃れたソマリ人の集団などについても用いられることがあります。しかし、いまだ日本語に適切な翻訳語がありません。日本語に言葉がないということは、これまで日本人は幸運にもディアスポラを経験することがなかったということです。これは私達が祖先に感謝すべきことです。

▼マサダ砦の誓い

みなさんはユダヤ人というと、どのような人々を想像するでしょうか。長いあごひげを生やした白人種の男性などの顔立ちをイメージするのではないでしょうか。けれども古代イスラエル王国の頃のユダヤ人は、日本人と顔のよく似た東洋系の民族であったと言われています。それが国を失い、2千年の流浪の後、ようやく世界中に散ったユダヤの民衆が集まって国を築いてみたら、肌の色も髪の色も長さも、みんな違っていたのです。ですからいま、イスラエルの小学校などに視察に行かせていただきますと、そこには白人から黄色や黒の有色人種まで、実にさまざまな肌の色、髪の色、目の色の子たちがいます。けれど、いまそうなってしまった人々が、2千年前には、同じ肌、同じ髪の色を持った人たちであったことを、彼らは学校で教わります。

いま世界地図に載っているイスラエル国は、1948年に建国された新しい国です。別な国があり別な民族が住んでいたところに、ユダヤ人を自認する人たちが自分たちの国を築きました。日本は周囲を海に囲まれていますが、イスラエルの場合、周囲は陸続きの他国です。そして周囲の国は、全部、敵国です。ですから国は、つねに臨戦態勢にあります。そして彼らは、この70年余の間に、7つの戦争を勝ちぬいて自分たちの国の独立と繁栄を保っています。このためイスラエルには徴兵制があり、男女の別なく徴兵されます。徴兵された新兵の入隊式は、マサダ砦跡《とりであと》で行われます。マサダ砦の跡は、死海のほとりにあって、2千年前陥《おと》され、いまは砦の廃墟となっているところです。そのマサダ砦の遺跡で、新兵は、右手に自動小銃、左手に旧約聖書を持って、「マサダは二度と陥《お》ちない」と誓うのです。

マサダ砦は、古代イスラエル国がローマ帝国によって滅ぼされたとき、最後まで頑強な抵抗をした砦です。ユダヤ人たちは、イスラエル国を建国しようとするのですが、内紛につけこまれて、政治的にローマ帝国の属州にされてしまったのです。これを不服としたユダヤ人が再度立ち上がったのが、100年後の西暦66年で、これが「第一次ユダヤ戦争」です。彼らはなんとか独立を勝ち取るのですが、これを不快に思ったローマ帝国は、軍を派遣して、西暦70年に首都エルサレムを陥落させてしまう。

このとき最後までローマに抵抗したのが、エルアザル・ベン・ヤイル率いるユダヤ人の男女967人でした。彼らはマサダ砦に立てこもりました。そのマサダ砦を、ローマは1万5千の大軍で包囲しました。マサダ砦の967人は、勇敢に戦い、なんと3年近くもこの砦を守るのですが、衆寡敵《しゅうかてき》せず、西暦73年に砦は落とされました。

砦が陥落する直前、その時点で生き残っていた人たちは、投降してローマの奴隷となるよりは死を選ぼうと、2人の女性と5人の子供を残して、全員で集団自決しました。この自決に際して、エルアザル・ベン・ヤイルが述べた言葉が、ヨセフスの『ユダヤ戦記』に残されています。

「高邁《こうまい》なる友よ。
我々はずっと以前から、
人類の唯一なる真《まこと》にして義である主なる神以外には、
ローマ人であれ何人であれ、
奴隷にならないと決意してきた。
その決意を実行に移して眞《しん》なるものとすべき時が、いま、到来した。
我々が自由な状態で勇敢に死ねることは、
神が我々に与えたもうた恵《めぐみ》であると私は思わずにいれない。
我々はまだ、最愛なる同志とともに
栄光《はえ》ある死を選ぶことができる。
我々の妻たちが辱《はずかし》めを受ける前に、
子供たちが奴隷を経験する前に、
死なせてあげようではないか。
自由を保持して行こうではないか。
糧食のほかは何も残さずにおこう。

何故なら我々が死んだときの証として、我々が制圧されたのは必需品が不足していたからではなく、最初からの決意に従って我々が奴隷よりも死を選んだことを示してくれるであろうから」

こうして男たちは自らの手で最愛の妻子を殺し、男たちの中から籤《くじ》で10人を選び、残りの者達は首を差し出しました。ともに3年間、苦しい中を戦い続けた同志でした。選ばれた十人は恐れることなく使命を果たしました。

最後に10人だけが残ったとき、再び籤で1人を選び、殺されていきました。最後に残った一人は宮殿に火を付け、自らの剣で体を刺《さ》し貫《つらぬ》きました。

▼ローマとの抗争の果てに

マサダ砦は、この戦いのあと、ローマ軍によって破壊されています。破壊は徹底していて、ただ建物を壊したり火を付けたりというだけのものではなくて、周辺の土地の木々が全て伐採されました。そもそもローマがイスラエルの土地を欲したのは、もともとそこが緑豊かな樹々の茂る森であったからです。だからそこに住んでいる人たちを殺し、国を陥落させ、森の木々を奪ったのです。

いま、マサダに行くと、辺り一帯、見渡す限りの岩山です。草木一本ありません。しかし草木一本ないようなところで、どうして補給を受けることができない967人もの男女が3年間も生き残ることができたのでしょうか。人は、水と食べ物がなければ死んでしまいます。つまり2千年前のマサダは、水が湧き、肥沃《ひよく》な土があり、砦内で畑を営むことができた、そういう土地だったのです。

水が湧《わ》くためには周囲に土と森が必要です。マサダが陥《お》ちた後、あるいはすでに包囲戦をしているときから、ローマは木を次々と伐《き》り倒し、緑を奪っていきました。すると砦には水が出なくなり、肥沃な土は雨が降る度に流れ出してしまいました。こうして、あれから2千年経ったいまでも、そこはゴツゴツとした岩山だけになっています。

マサダ砦の戦いの60年後の西暦132年、ユダヤ人バル・コクバが、ローマに対してふたたび独立戦争を挑みました。これが「第二次ユダヤ戦争」で、バル・コクバは一時的にイスラエルを奪還するのですが、翌年の135年にはローマ帝国に滅ぼされてしまいます。こうしてイスラエルの民は第二次ユダヤ戦争のあと、およそ2千年にわたってディアスポラとなるのです。

一方、ローマはイスラエルの抵抗を防ぐために、徹底してイスラエルを破壊しました。破壊しつくしましたから、マサダ砦のあった場所すらもわからなくなっていました。つまりマサダは、ディアスポラとなったユダヤ人にとって、神話となったのです。西洋における神話という言葉には、根拠のない作り話という意味があります。つまりマサダは、ただの神話であり、おとぎばなしでしかないとされてきたのです。ところが1838年に、ドイツ人研究者によってマサダの山頂が発掘調査され、この「籤《くじ》で選ばれた十人」が、それぞれ自らの名を署名した陶片が見つかりました。こうしてマサダ砦の跡地が発見され、伝説、神話とされてきた古代の戦いが、実際に起きた出来事であったことが立証されました。

そしてイスラエルは、1948年に、ふたたび独立を果たすのです。

▼石屋となったユダヤ人

ディアスポラとなっていた間、ユダヤ人たちはユーラシア大陸全域に散りました。流浪の民として生きるためには、技術が必要です。ですからその一部は、モンゴルの大帝国の下《もと》で、石職人となりました。そしてモンゴルの監督の下、石工として働く一方で、金融為替業を学びました。モンゴル帝国が崩壊したとき、彼らは、金融為替業者として独立しました。彼らが金融業でありながら、石屋を名乗るのは、こうした事情によります。

オスマン・トルコが隆盛となり、オスマンの人々が豊かになると、彼らユダヤの石屋さんたちは、豊かになったオスマンの人々の財産を預かるようになりました。なにしろまだいまのような金属製の金庫がなかった時代です。最強の金庫は、石屋さんが造った石でできた金庫です。

そうして富が集まるようになると、その富を利用して、さらにお金儲けを考える人たちが現れます。

この時代、地中海沿岸の白人たちは、オスマンに完全に押されて、力を失っていました。一方、オスマンが征圧する地中海のエリアの西側にあるスペイン、ポルトガルは、地中海での交易が富をもたらさないのですから、大西洋側に出るしか、儲けの道はなくなってしまっていました。ところが地中海の北側の北海のあたりは、ノルウェーやスウェーデンの海運勢力が強く、スペイン、ポルトガルに出る幕はありません。

そんなスペイン人やポルトガル人に、金融を付ける投資家たちが現れました。「自分たちがユダヤの石屋さんから、黄金を引き出して、君に貸してあげよう。君はその黄金で船を買い、船員を雇って、どこか外国に行って金儲けをして来い。儲かったら元金を倍にして返してくれ。残りは全部、あんたのお金だ。期限は1年。どうだ?」というわけです。

こうした話をもちかけ、また、ユダヤの石屋さんたちから資金を借り受ける人たちが投資屋さんで、投資屋さんは、このような話を複数の船長経験者にもちかけることで、リスクを分散します。成功する船長さん、失敗する船長さんがいるからです。また船長さん以下がおカネを持ち逃げしないように、船には船長さんの他に、投資屋さんの任命した人物が一緒に乗り込みました。よく大航海時代を描いた映画などに、船の中に船長さんよりも偉い、ちょっと身なりの良い、そしてあまり航海になれていない人物が乗船している様子が描かれますが、その人物こそ、投資屋さんが付けたお目付け役です。

▼投資が生んだ大航海時代

このときに船長さんになった人たちというのは、いわゆる海賊の荒くれ者です。彼らは大喜びで船と武器と船員を調達し、勇躍《ゆうやく》、アフリカへと旅立っていきました。多くの航海は成功し、彼らは莫大な富となる財宝を持ち帰りました。こうして始まったのが「大航海時代」です。

財宝を持ち帰った船長や船員たちは、儲けたカネで、街中で豪遊したことでしょう。遊びすぎてスッテンテンになっても、航海に出ればまた大儲けできるのです。命知らずの暴れ者たちが、命がけで遊び回る。こうしてお金はスペインやポルトガルの町に落ち、街の人たちも豊かになっていきます。

すると、イタリアやギリシャあたりの地中海の交易商人たちも、自分たちだって、やればできるのではないかという気になってきます。けれど彼らには、オスマンが地中海を征圧しているという障害があるわけです。そんな地中海の人達が描いた夢が、「俺達にはギリシャ・ローマの時代の栄《は》えある歴史があるではないか」というものでした。

その言葉は、オスマンに打ちひしがれていた地中海沿岸の白人たちに大いなる夢と希望を与えました。そんな彼らに金融を付けて武器を渡す人たちも現れました。こうして地中海沿岸の人たちは、オスマンを撃退し、自分たちの国を持つようになりました。これが「ルネッサンス運動」です。

五　ルネッサンスと大航海時代

▼スポンサーと船長の切れない関係

ペストによってモンゴル帝国が崩壊したとき、帝国が保証した通貨である交鈔が価値を失いました。そしてこのとき、日本から黄金を大量に輸入し所持していた中東商人のオスマン家が、次の時代の主役となりました。オスマンは、地中海交易の利権を独占し、地中海で行われるあらゆる商船取引から、徹底的に税を取り立てました。結果、地中海交易は「儲からなく」なりました。

地中海の端にあるスペインとポルトガルは、そこでオスマンに支配された地中海交易から抜け出して、新大陸に富を求めました。彼らはオスマン家の貯蓄財産を保有している、かつての石屋さんたち《メイソン《石屋》、ロック（石）のフェラー（一家）さんたち》に黄金を出してもらい、その黄金を元手に外洋船を造り、船長を雇い、船長は船員を集めて、アフリカへ、そして大西洋を渡ってアメリカ大陸へと向かいました。元手はタダではありません。一定期間後には、全額返さなければならない。ですから彼らは、ありとあらゆる方法を用いて、船の行き着いた先から富を奪って持ち帰りました。

こうして大航海時代が始まりました。船に同乗する投資家のお目付け役は、船長らがカネを持ち逃げしないか監督し、また状況を本国にいる投資家の親分に逐一報告することを仕事にしていました。そしてこの仕組みは、実は現代の株式会社の仕組みになっています。

日本の学校では、株式会社は、企業が資金調達するときに、その資金を小口に分散した株にして、多くの人たちから資金を調達する仕組みであると教えます。基本はそのとおりです。しかし欧米の企業の場合は、その前にちょっとした仕組みがあります。

例を出してお話しします。

たとえばAさんが、インターネット通販で大当たりして大儲けしたとします。するとそこに投資会社の人が現れて、「Aさん、あなたひとりで商売をたちあげて、こんなに儲かったのなら、私達があなたに10億円出すから、人を雇い、事務所を大きくして、もっと大勢で大規模にその商売をしませんか。そうすればいまの何十倍も儲かるようになりますよ」と投資を持ちかけます。

そして大儲けできる会社になったら、その会社を上場させます。すると、その会社の株に値が付き、額面500円の株が1万円とかになるわけです。要するに株券というただの紙切れが、1万円という現金になる。こうして投資会社は、資金を回収します。

このとき、会社の経営陣には、投資会社から経営者が送り込まれます。これがいわゆるCEOとか、COOとか呼ばれる人たちです。名称や肩書は、時に応じ、その会社の状況に応じて、社長（President）であったり、最高経営責任者（CEO）であったりとまちまちですが、要するに、その会社を立ち上げ、稼いでいる人と、そこに資金を付けて儲けだけを吸い上げている人が、経営陣に混在しているわけです。

現代の米国のGAFA《Google、Apple、Facebook、Amazon》や、電気自動車のテスラなどの新興企業が、ものの数年でいきなり世界のトップランキングの大企業に成長する仕組みがここにあります。この仕組みは、西洋の法制度を真似た、日本に存在しない、大航海時代の船とまったく同じ仕組みです。

▼スペイン・ポルトガルの台頭と英国

この時期、ヨーロッパでは火薬を用いた鉄砲が開発されました。こうして15世紀半ばから17世紀半ば、スペインとポルトガルは、１４９４年のトルデシリャス条約によって、世界をスペインとポルトガルで二分するというところまで勢いを増していきました。

モンゴル帝国でペストの大流行が始まったのが１３４８年、コロンブスが新大陸を発見したのが１４９２年、トルデシリャス条約が１４９４年です。さらにこの50年後、スペインが支配していたメキシコで、相次いで金銀銅の鉱山が発見されました。

もともと金だけでは、通貨の絶対量が足りません。そこで金の代替物として、銀や銅に、金との交換価値が付与されていたのですが、その金銀銅の産出量があがったのです。メキシコの鉱山は、こうしてスペイン王国に巨大な富をもたらしました。

一方、この鉱山から産出した金銀銅を運ぶスペイン船を強襲して、財宝を奪う国がありました。それが英国でした。島国である英国は、大西洋で、ろうそくの原料となるクジラを捕《ほ》獲《かく》していたのですが、この捕鯨船がスペイン船をたびたび襲ったのです。これが儲かる。なにしろ船速の速い捕鯨船です。片やスペインの船は、大量の略奪品を積んでいますから船足が遅い。ですから英国の捕鯨船は、たちまちスペイン船に追いついて、船首から大型の銛《もり》を撃ち込みます。あとは捕鯨と同じ要領です。ロープを手繰って船を近づけると、スペイン船に乗り移って船員たちを皆殺しにして、船内の財宝を奪うのです。

このようなことが度々繰り返されたことに怒ったスペイン王は、貨物船団を護衛するための大量の軍艦を造船しました。すると英国はその造船所を襲い、建造中の軍艦を破壊しました。さらに激怒したスペインと英国の艦隊が衝突したのが1588年のアルマダ海戦です。激しい戦いの結果、スペインは無敵艦隊を壊滅させられて大西洋の制海権を失います。

さてここで、おカネの流れを見ていきますと、メキシコの鉱山で採掘された金銀銅は、大量にスペインに運ばれました。ところがそのスペインは、運送中の資金を英国に奪われ、また、対英国海賊対策の軍艦を建造するために、蓄えた資金を市場に放出しています。放出された金銀銅は、石屋さんたち、つまり金融機関によって回収され、英国の軍艦建造に投資されました。

軍艦の建造にはたくさんの人が参加します。こうしてスペインから回収された黄金は、英国民の懐へと移り、英国では、市民が経済力を持つようになりました。そして1628年には英国市民が英国王室に権利の請願を行い、政治を英国市民が行うようになります。そして1694年にはイングランド銀行が設立されました。イングランド銀行は、英王室が経営する銀行ではなく、その王室のもとにある市民が経営する「英国政府」に、資金を貸し付ける、半分外資の銀行です。その外資である金融機関が、もとの石屋さんたちです。

つまりメキシコで採掘されスペインに渡った金銀銅は、スペイン王室の宝物庫から、スペインの造船業と英国に流出し、その金銀銅は、それぞれ市民へと流れ、その市民に流れた金銀銅は、イングランド銀行を経由して金融を行う石屋さんたちへと回収されていったわけです。

▼イルミナティの発足

このイングランド銀行で事件が起こったのが1776年です。

インゴルシュタット大学で法学を教えるアダム・ヴァイスハウプトが、哲学や政治についての知的な議論を行う団体を発足させました。世にいうイルミナティの発足です。イルミナティという語は、もともとは「光に照らされた者」を意味するラテン語ですが、後に啓蒙家たちによる秘密結社を意味する用語になりました。

ここでいう秘密結社というのは、日本語では、なにやら暗闇の中でおそろしい儀式を行う秘密の集団のようなイメージがありますが、西洋においては単に「登記のない任意団体」のことを言います。つまりイルミナティというのは、ただの任意団体です。

また、なぜ彼らが「光に照らされた者」たちなのかというと、そこにも理由があります。彼らはピタゴラスの思想を根底に置いたのです。ピタゴラスの思想というのは、簡単にまとめれば、人には輪廻転生があり、誰もが王になれる資質を持ち、数学によってこの世のすべてを説明することが可能であり、人は原始共同体を重んじるべきであって、既得権《きとくけん》を持った王侯貴族や教皇などの存在は不要なものであり、宗教的ドグマから離れて科学的に物事を捉《とら》えていこう、というものです。

この思想は、王国による領域支配を超えた世界を包含する思想となりました。彼らの一員であった石屋のひとつのロスチャイルド家は、英国がインドに設立した東インド会社の、放漫経営によって経営破綻した事業を、次々と買い取っていきました。そして英国政府に影響力を持つようになると、ついにイングランド銀行に、金本位制を採用させました。

ロスチャイルドという名前は、もともとロス（Ｒｏｔｈｓ）が地名で、チャイルド（Ｃｈｉｌｄ）が子供です。つまりロス出身の子供という屋号です。その子供がモンゴル帝国時代の石屋である銀行家となって、金持ちとなった人たちの黄金を預かり、ついには、黄金がなければ通貨を発行できない、あるいは黄金を信用の基礎においた、民間が発行する紙の通貨という仕組みを築くわけです。

▼紙と黄金

この仕組みは、紙の通貨が黄金と交換できる、というものです。黄金を所持している銀行が、黄金と交換できることを保証することで、黄金との交換券である紙の通貨を発行します。重たい金属である黄金を持っていなくても、紙の交換券だけで商売ができ、代金決済ができるのですから、これは便利です。そしてこうすることで、紙の交換券だけが独り歩きします。

仮に10万円の支払いが、Aさん→Bさん→Cさん→Dさんと行われたとき、10万円×４人＝40万円分の黄金が必要なわけではなくて、必要な紙幣は最初の10万円分だけです。しかもその10万円分の紙は、黄金そのものではなくて、銀行屋さんが「ある」と言っているだけです。実際に黄金との交換をしなくても、紙の通貨で日常は事足りるのですから、黄金との交換を希望している人は、せいぜい千人に1人です。つまり銀行は100円分の黄金を持っていれば、その千倍の取引をし、手数料を取り、利息を取ることができるのです。この仕組みを考えた人は、ほんとうに天才だと思います。

さらに、元の石屋さんたちであった銀行は、イングランド銀行を皮切りに、当時ヨーロッパにあったそれぞれの国に銀行を作りました。そしてそれぞれの国の通貨発行を代行するようになりました。これはその必要があったのです。なぜなら、それぞれの国が、独自の紙の通貨を発行するようになったとき、国際決済をどうするかという問題が起こります。このとき、その国のお金で1オンスの黄金がいくらで買えるかがわかれば、それぞれの通貨の交換ができます《これについては第2章三で詳しく述べます》。

わかりやすく日本にたとえてみます。

1オンスの黄金の値段が100円だったとします。同じく1オンスの黄金が1ドルであれば、100円と1ドルが等価ということになります。ただし、それは円やドルの発行量がちゃんと管理されていることが前提です。なぜなら、1ドル100円とわかったときに、円の紙幣を2倍印刷したら、公正な取引ができないからです。そこで国際資金決済のためには、共通の資本家が、それぞれの国に中央銀行を設立し、それぞれの国の通貨の発行についてしっかりと管理する必要が生まれました。こうして石屋さんたちは、それぞれの諸国の王が、自分の国の紙の通貨を発行することを代行する中央銀行を次々に設立していくのです。

これは国と国との国際取引には、実に有益な方法となりました。ところがそこに、大事件が勃発するのです。西洋諸国が日本と出会うのです。日本が保有する黄金は、日本単独で、西洋が保持する黄金の総量に匹敵する量がありました。まさに日本はマルコポーロの言う「黄金の国ジパング」そのものであったのです。

こらむ　源義経と成吉思汗

▼源義経と成吉思汗

全国の神社などにある能楽堂の壁に必ず描かれているのが松と笹です。

松は、切り立った岩場のような過酷な場所にも生育し、また冬の深い雪の中にあっても、緑の葉を散らせません。

笹は、どんなに強い台風のような大風が来ても、風にそよぐばかりで、決して倒れたり折れたりしません。細身でありながらも、しっかりとした茎《くき》に、節《ふし》を持ち、しなやかにしなって、決して折れません。

だから笹は源氏の紋章です。これを「源氏笹《げんじざさ》」、またの名を「笹竜胆《ささりんどう》」と言います。そして笹はイネ科の植物で、生育北限はおおむね北緯40度くらいです。それより北の亜寒帯の北方遊牧民の生活圏に生えることはありません。

ところがその亜寒帯にあって、笹を王の紋章にした遊牧民のボスがいました。それが成吉思汗《ジンギスカン》です。成吉思汗が、源義経ではないかという説を唱えたのは、江戸時代に日本にやってきた有名なシーボルトです。さらに大正十三（1923）年に小谷部全一郎が『成吉思汗ハ源義経也』という本を出して、ベストセラーになりました。

ハバロフスク特務機関長であった樋口季一郎《ひぐちきいちろう》陸軍中将は、その回顧録の中で、ハバロフスク公園のムゼイ博物館の裏手に、幅2メートル近い亀の台座の石碑があったこと。その席には漢文の細字で何かがしたためてあって、その碑文の上部中央に源氏の紋章である「笹竜胆」が付いていたことを記しています。

どうやらこの石碑は、小谷部全一郎の『満洲と源九郎義経』によると、成吉思汗の墓所を示すものであり、ハバロフスク公園のムゼイ博物館の亀の台座と上下一対《いっつい》をなすものであったようなのです。

ところが樋口陸軍中将が、当時ソ連共産党がシベリアを我が物顔に闊歩《かっぽ》しているのに対し、「ここは君たちの土地ではない。古くは日本の源義経が一帯を押さえていたものであり、その証拠に右の石碑がある」といった内容の文書をソ連共産党に書いて送ったところ、翌日には石碑の碑文がコールタールで塗りつぶされ、さらにこのことに抗議をすると、石碑そのものが何者かの手によってどこかに運び去られてしまいました。いまも昔もあの人達がすることは、都合が悪くなると、全部なかったことにするのですね。

▼源義経説の主張内容

モンゴルの大帝国を建設した成吉思汗が源義経であったとの説がこれまでに主張していた内容を箇条書きにしてみると、だいたい次の12項目になります。

1 笹はイネ科の植物で、生育北限はおおむね北緯40度くらいであるため、亜寒帯に属する北方遊牧民の生活圏には生えないが、なぜか成吉思汗は笹を旗印にしていた。

2 成吉思汗は中東商人の質問に答えて、自分の出身地は「ニロンのキョト村」と言ったという記録がある。

3　成吉思汗は、義経が死んだとされる1189年《文治五年》以降、突然、歴史の舞台に躍り出ている。

4　成吉思汗が得意としていた長弓は、中国やモンゴルにそれまで存在しなかった日本独特の武器である。

5　成吉思汗の別名は「クロー」であった。これは義経の官職であった「九郎判官《くろうほうがん》」に似ている。

6　モンゴル帝国の「元（げん）」は「源（げん）」と同じ音。

7　「蒙古（もうこ）」は「猛虎（もうこ）」と同じ音。

8　「ハーン」という称号《カーンとも聞こえる》は、日本語の「○○の守（かみ）」と音が似ている。

9　成吉思汗が1206年に大王に即位したとき、9本の白旗が掲げられた。白旗は源氏の旗、9本は、九郎判官を表している可能性あり。

10　諸国の娘と交合して子をつくり、相互に親戚関係となることによって、争いのないひとつの国にまとめているが、これは大陸にはない、日本の古来の慣習。

11 モンゴル帝国の相続制度は、複数の子が財産を均等配分するという仕組みだが、これは源氏の相続方式と同じ。

12 モンゴルは戦いに勝利すると、すべての将兵に恩賞を支払っていたが、そのやり方が源氏と同じ。

▼奥州藤原4代の歴史

源義経は、壇ノ浦で平家を破ったあと、兄の源頼朝によって追討令を出され、奥州平泉《ひらいずみ》で藤原《ふじわら》氏の庇護《ひご》を受けていました。けれど鎌倉方の圧力に屈した奥州藤原氏の藤原泰衡《やすひら》率いる500騎の兵に囲まれ、文治5年《1189年》、平泉の持仏堂で自害して果てたとされます。ところが討《う》ったはずの藤原泰衡も、その後鎌倉方に追われることになり、なぜか秋田県大館市で、これまた味方であった河田次郎によって討ち取られたとされています。享年35歳。また、泰衡が平泉に火を放って逃げ出したあと、鎌倉方が誰もいなくなった平泉に入るのですが、焼け跡にはまだ莫大な財宝や舶来品が積み上げられていた……というのが表向きの歴史です。

奥州藤原氏というのは、藤原北家の藤原秀郷《ひでさと》《俵藤太》の末裔で、奥州に入った藤原清衡《きよひら》が、寛治3年《1089年》に陸奥《むつ》の押領使《おうりょうし》を拝任《はいにん》し、1094年頃、いまの岩手県平泉町に居所を移し、1108年には黄金の金色堂《こんじきどう》を持つ中尊寺《ちゅうそんじ》の造営を図り、奥州藤原4代百年の栄華の基礎を築いています。

秀郷が平泉を根拠地に選んだ理由には諸説ありますが、ひとつ、言えそうなことが、このあたり一帯が、当時は黄金の産地であったことです。つまり秀郷は、それら黄金の産地の真ん中に居城を設け、そこを平泉としたわけです。平という字は、水に浮く浮草の象形、泉は岩の間から水が湧き出す姿の象形です。岩の間から黄金が湧き出す地、だから平泉という地名になっています。

その黄金は、この時代の日本では、通貨の役割を持っていません。では黄金が何に使われたのかというと、塗料です。ところがその「わが国では塗料でしかない黄金」が、平泉から秋田へと山越えをするか、あるいは陸奥の三陸海岸を北上して津軽海峡を経由し、北海道を北上して、そこから大陸沿いにリマン海流を利用して南下すると、ウラジオストクに至るわけです。そしてそこにはオスマンなどの交易商人がやってきていました。

鎌倉方が平泉に入ったとき、焼け跡の平泉には、なお莫大な舶来品が積み上がっていたというのですから、奥州藤原氏は、盛んに大陸との交易を行っていたことが窺《うかが》えます。

▼藤原秀衡の遺言

奥州藤原氏は、初代が藤原清衡で、その子の藤原基衡《もとひら》が2代目、孫《基衡の子》の藤原秀衡《ひでひら》が3代目、そのまた子の藤原泰衡が4代目となります。そして泰衡の時代の奥州藤原氏は、「奥州17万騎」と呼ばれる大軍団を擁《よう》していました。

4代目の泰衡は、父の秀衡から、死の直前の遺言として、秀衡が庇護していた源義経を「大将軍として国務せしめよ。そして義経を主君として頼朝の攻撃に備えよ」と言われていたと、公家九条兼実の日記『玉葉《ぎょくよう》』に書かれています。

父秀衡の予測通り、頼朝は1189年に泰衡追討の宣旨《せんじ》を朝廷に要請していました。史料によれば、ここで鎌倉方の圧力に屈した泰衡が、同年閏4月、数百騎の手勢で十名ほどの近習とともに平泉の衣川館《ころもがわのたち》に居た源義経を襲撃し、義経の近習が奮戦する中、義経は持仏堂で正妻の郷御前と4歳の我が子《女子》を殺して自害して果てたとしています。

ところが父の遺言を裏切ってまで鎌倉方に恭順したはずの泰衡は、鎌倉方がやってくるとわかると、あっけなく平泉に火を放ち、蝦夷地《北海道》に向かうと言いながら秋田県の大館市方面に向かい、そこで部下の河田次郎に討たれて死んでいます。河田次郎は泰衡の首を鎌倉まで運び、そこで恩賞をもらえるはずが、「譜代の恩」を忘れた八虐の罪にあたるとして斬死させられたと記録されています。これまた論理矛盾する不思議な話です。

さらに史書の記述で腑に落ちないのが、源頼朝が平泉追討のために送った兵力が、わずか千騎であったことです。これは朝廷が泰衡追討の宣旨を下すのをためらったからだとしていて、それをあえて「軍中は将軍の令を聞き、天子の詔を聞かず」という大庭景義《おおばかげよし》の進言を受けて、少数の兵を差し向けた、としてます。

しかし右に述べました通り、奥州藤原氏は17万騎の大軍団を擁している東北地方最大の軍事勢力です。仮にその17万という数字がかなり誇張された数字であり、実数が「半値八掛け五割引」であったとしても、公称の2割、最低でも3万騎以上の兵力があったはずです。にもかかわらず泰衡が義経を討ったときの兵力がわずか500騎、そして頼朝の差し向けたわずか千騎に、さしたる抵抗もなく守備を破られて平泉への侵入を許しています。

義経は、戦上手な男として知られています。なぜ父の秀衡が、義経を大将軍にして泰衡にそれに従えと遺言したのかといえば、一番わかりやすいのは、平泉の財を護ろうとした、ということでしょう。朝廷と奥州藤原氏との関係は、安定的であって、何も義経を大将軍にする必要もありません。しかし新たに鎌倉に頼朝の新政権が誕生するのです。新政権は、これは世界中どこでも、またいつの時代であっても、はじめ、たいへんな資金難に直面します。このとき、頼朝の下で最大の軍事的貢献者であったのが源義経であり、その義経と奥州藤原氏には源平合戦以前からのつながりがあり、いままた鎌倉から追われる身となった源義経を平泉で庇護している。そうとなれば、資金不足に悩む鎌倉方が、平泉にある藤原氏を襲って、その財を奪いに来るであろうということは、財を築いた大金持ちであれば、誰しもが心配し、不安に思う所です。そうであれば平泉は、いつ鎌倉方がやってきても良いように、17万騎による臨戦態勢を取り、戦上手の源義経を大将軍として、その軍略の一切の指揮を執らせるというのは、ごく普通に至る考えになります。

▼モーコは猛虎

源頼朝は、自分の血を分けた弟の義経を殺したということで、藤原泰衡の追討を行っています。このことは裏返しにいえば、義経にしても、兄の頼朝の軍を平泉で返り討ちにすれば、兄を裏切った悪弟《あくてい》として、世間の信頼を失うということです。

義経は当時31歳、泰衡は35歳で、同世代です。若さもある。公称17万騎の兵力もある。しかも義経は稀代《きたい》の戦上手であり、国内ではただの塗料にすぎない黄金が大陸に渡れば巨万の富となるのです。平泉には、中東のオスマン一家の商人たちもやってきていたことでしょう。そして彼らは遠く離れた美しい祖国の町並みや、大陸にある巨大で美しい河川や森、広大な砂漠や、オアシス都市を往来する人々の暮らし、あるいは遊牧民の暮らしなどを語っていたことでしょう。

みなさんだったらどう思うでしょうか。仮に数兆円の資金と、強力な軍隊を持ち、国内で追われる身となったのなら、いまさら国内の人間関係や、ゴチャゴチャした政治など、一切を捨てて、勇躍大陸へと旅立とうとは考えないでしょうか。国境などなかった時代のことです。しかも大陸は広大です。

義経が「持仏堂で正妻の郷御前と4歳の我が子《女子》を殺して自害して果てた」というのも、おかしな記述です。4歳になる我が子を殺せる親など、この世にいるはずもありません。まして義経は、親子の情愛のとても深い男です。

また泰衡が、蝦夷へ行くと称して、秋田で部下に殺されたというのも、これまた不思議な話です。蝦夷地へ行きたいのなら、船で行けば良いからです。奥州藤原氏の大陸との交易では、船が使われていたのです。これはむしろ、追手である鎌倉方を山中に招くことで、時間を稼ぎ、その間に、兵力と財をウラジオストクまで運んでいたのだと見たほうが、はるかに合理的で論理的です。

そして義経と泰衡の一行が、大陸に渡ればどうなるか。最強の軍団を従えた、歴戦の大将軍である九郎判官《義経のこと》です。九郎判官は、モンゴル語で発音すれば「ユンキス・カン」みたいな発音になります。訛《なま》れば、成吉思汗に聞こえるかもしれません。

さらにいうと、モンゴルという部族も、実はこの時代まで存在の確認ができません。モンゴル族は歴史に突然あらわれ、突然、巨大な勢力を形成し、このためモンゴルの一族《というか一味》に加勢した人たち全員が、モンゴルを名乗るようになりました。そしてモンゴルは、モーコとも言いますが、モーコは「猛虎《もうこ》」と同じ音です。九郎判官の率いる猛虎隊という言葉が、遊牧民の言葉と発音で、いつの間にか成吉思汗率いるモーコ族となったとしても、不思議はありません。成吉思汗の幼名は「テムジン」ですが、これは「鉄木仁」とも書かれ、その意味は、義経の幼名の「鬼武者」と同じです。要するに、モーコ《猛虎》という一族は、歴史上、突然彗星《すいせい》のように現れて、ユーラシア大陸を強大な武力と富で席巻し、一大帝国を築いたわけです。

▼モンゴルでは強いことが誇り

ＹｏｕＴｕｂｅの動画でこのことに触れたとき、コメント欄に、義経が生きた時代と成吉思汗が生きた時代はまるで異なり、同一人物であるはずがないというコメントが付きましたが、成吉思汗の生まれは1160年前後《諸説あり》、義経の生まれは1159年です。ほとんど同じ歳と言って良い。

というわけで、戦前戦中までは、成吉思汗＝源義経説は、日本でもモンゴルでものすごく歓迎されたのですけれど、現代のモンゴルでは、あまり歓迎されません。というのは、現代においてもなお、モンゴルの人たちには、「強い」ということを最高の誇りとする文化があります。戦前戦中までの日本は、まさに世界を二分する超大国であり、日本軍は世界最強とうたわれた軍隊でもありましたから、モンゴルの人たちにも、自分たちの祖先が日本人の大将軍源義経と関係があるかもしれないという説は、大人気となりました。

けれど昨今の日本は、どうにも弱腰で、チャイナやコリアに言われっぱなしで、殴られたらすぐにカネを出す根性なしのチキンになっているということで、いまのモンゴルでは、義経説は否定されるし、このようなことを言い出したら、おもいきり馬鹿にされます。

▼義経の苦労した仕事

要するに奥州藤原4代の栄華というのは、東北地方で産出した黄金と、その黄金を用いた大陸との交易によってもたらされていたわけです。

その奥州藤原氏の居城である平泉にやってきた源義経のもとには、当時、近隣の娘を持った村人たちが、毎日列をなしていたといいます。これは昔からの日本の伝統で、高貴な霊《ひ》を持つ御魂を娘に授かれば、一族に高貴な霊が授かることになると考えられていたからです。奥州藤原氏にとっても、清和天皇の直系である清和源氏の棟梁の霊を、東北地方一帯の豪族たちの娘に授ければ、みんなが親戚となるし、みんなが親戚となれば、同じ東北内での争いがなくなります。

このため義経は、毎日、腰が抜けるほど精を絞られたのだそうで、まったく九郎判官は、ご苦労な判官であったわけです。

おもしろいことにこの「血族となることによって部族間の紛争を未然に抑える」という方式は、モンゴルの大帝国の、そのままお家芸となっています。しかもこの風習、それまでの遊牧民にはなかった、というから、これまた不思議なことです。

成吉思汗の後宮には、世界中からやってきた美女たちが常時500人、成吉思汗の種をもらうために順番待ちしていたといいますが、これは平泉で起きていたことと同じです。

これはモンゴル側が強制して女性たちを拉致したのではありません。むしろ諸王国の側が、積極的に王家の娘にハーンの種をもらおうとしたのです。そうすることで、モンゴルとの血縁関係を結び、自国の安全保障とした、ということです。ちなみにこのため、成吉思汗が亡くなった20年後、成吉思汗の血を直接ひく子や孫は、その時点でおよそ2万人いたそうです。そしていま、全世界に成吉思汗の直系の血を引く人は、130万人に及びます。

▼権力の3要素

さて、源頼朝に追われることになった源義経は、平泉の六角堂で、六角堂もろとも焼けて遺体も残らなかったとされています。けれど、少し考えたらわかることですが、当時の木材を燃やすだけの火力で、「遺体の骨も残らない」ほどの焼却力など、あり得ようはずもありません。

また不思議なことに、この戦いで奥州藤原氏もまた滅ぼされてしまうのですが、奥州藤原氏がこのときまでに蓄えていたはずの莫大な金塊が発見されていません（鎌倉方に押収されていない）。普通に考えて、鎌倉方が大軍を従えて平泉までやってくるというのに、軍事の専門家である義経が、ただ指をくわえて、鎌倉方の到着を待ち、そのまま少数で戦って敗れて死んだ、と考える方が不自然です。

義経という人物は、きわめて目的型の男で、戦いに勝つことに対する執念は、一ノ谷の戦いや、屋島の戦い、壇ノ浦の戦いで見事に証明されています。とにかく勝つためには、ありとあらゆる手段を使う。その義経が、鎌倉方がやってくると知っていて、何もしないで、ただ殺されるのを待っていたというのは、これはもう、ありえないことです。

奥州藤原の一族にしても、鎌倉方がやってくるとわかっているし、鎌倉方に、ただ義経を引き渡せばことが済むと考えていたとは、これまた考えられません。なにしろ世界を震撼させることができるほどの金塊を持っているのです。むしろ鎌倉方がやってくれば、皆殺しにされて金塊を奪われるのではないかと考えるほうが普通です。そうであれば、手勢を残して鎌倉方に抵抗させ、戦の専門家である義経を担いで、黄金と軍団の両方を持って、大陸に逃れたほうが、はるかに判断が合理的であり、自然です。

そしてもし、義経が莫大な量の黄金と、戦慣《いくさな》れした強大な武力集団を率いて大陸に上陸したならば、金と武力、そして当時東京龍源府と呼ばれたいまのウラジオストクにいた情報通の商人たちを従えることになるのです。

「金と武力と情報」の3つは、そのまま権力の3要素です。しかも半端ない黄金、当時の東亜にあって最強といえる武装集団、アジア全域に至る交易情報（つまり地域情報）の3つを義経は得たわけです。これで、遊牧民の生息地域一帯を、短期間に征圧できなかったら、悪いけれど、義経はよほどのバカです。

▼歴史は考えるから学問

以上申し上げたことは、すべて状況証拠であって、そうだと特定した事実を書いた当時の文献史料はありません。

ですから、源義経が生きていて成吉思汗になったということは、事実かもしれないし、そうではないかもしれない。けれど、こうしていろいろと情報を集めて、自分なりに分析することこそ、実社会で求められる才覚であり、知恵であり、ビジネスにおける最大の要素でもあります。固定的で頑迷な石頭では、実社会では自滅するだけです。

歴史学は、ただ考古学的、あるいは文献史学的に明らかになった事実だけを扱う学問分野ではありません。歴史学は、そうして明らかになった事実をつないで、ひとつの論理的かつ客観的、そして再現可能性が極大になる歴史ストーリーを組み立てる学問です。つまり歴史は考えるから学問なのです。

事実は、
1　奥州藤原氏は大量の黄金を手にしていた。
2　源義経は平泉で死んだと記録には書いてある。
というだけです。

様々な説がありますが、なかでも成吉思汗＝源義経説は、筆者にはたいへんに説得力があるように思えます。ここに述べた「成吉思汗＝源義経説」を無理強いするつもりはありません。書かれているものが歴史であり、その書かれたものを、どのように読むかには、幾通りもの見方がある、ということを申し上げたいのです。事実はひとつですが、真実は幾重もの見方があるものです。

第2章

黄金戦争

一　日本からの金の流出

▼激しい戦いだった南北戦争

我々は学校で、
１８５３年《嘉永六年》に黒船がやってきて、
１８６８年《慶応三年》に王政復古の大号令が詔され、
１８６８年《慶応四年》に戊辰戦争が起こり、この年、元号が明治に改元された、と教わります。
同じ時期、海の向こうのアメリカでは、１８６１年から１８６５年（元治二年）にかけて、南北戦争が行われていました。
南北戦争は、最終的に北軍２２０万、南軍１００万の兵力が激突し、両軍合わせて１２３万以上の死傷者を出したという、米国史上、国の誕生から今日に至るまでの最大の大戦争です。一説には大東亜戦争での米軍の死者が約35万人、ベトナム戦争の死者が28万人と言われていますから、その規模の大きさは、じつにたいへんなものであることがおわかりいただけると思います。内戦というのは、それほどまでに恐ろしいものなのです。

ちなみに日本では、戊辰戦争による死者が、官軍と幕軍合わせて８０００人くらいです。明治維新全体でも、１万人くらいの死者です。米国の南北戦争が米国にとってどれだけ大きな戦争だったのかがわかろうというものです。

▼内戦と戦争

さて日本では、南北戦争という呼び方をしますが、正式な英語名は「American Civil War」です。直訳すればアメリカ市民の内戦、もしくはアメリカ市民戦争となります。ただし南北戦争は、日本の明治維新のときの戊辰戦争のような「内戦」ではありません。

戊辰戦争は、陛下の率いる官軍が、陛下に従わない幕軍を討伐する、というあくまで国内の「内戦」です。けれど南北戦争では、南部11州は「アメリカ合衆国」から離脱して、「アメリカ連合国」を名乗っています。つまり南北戦争は、Korea Warと同じで、内戦ではなく、国際戦争という位置づけになります。

ただし、戦争といいながら、南北戦争に宣戦布告はありません。1861年2月から4月にかけて南部11州がアメリカ合衆国から離脱を表明し、4月に南軍がサウスカロライナ州にある「サムター要塞」を砲撃して、いきなり戦端が開かれました。この時点で、南部11州は、まだ大統領も決まってない状態でした。

北軍も、この時点では陸軍が総数でも1万6千しかいなかったし、武器も旧式の装備しかありません。海軍も船舶はわずか42隻で、兵員数はたったの7600人でした。南軍にいたっては、まだ正規軍すらできていない状況でした。

開戦目的も曖昧でした。南軍には、南部諸州の産業を維持し、綿花の自由貿易を推進し、侵攻してくる北軍に対して、自分たちの郷土を守るという、一応の理屈はあるし、またそのためにこそアメリカ合衆国からの離脱を図ったのですが、北軍側には、南部11州の独立を許さないという以外、戦争目的といえるものがありません。

私たちは戦後の米国礼賛教育の中で、「南北戦争は米国による奴隷解放のための戦いだった」と教わっていますが、当時の北軍側には、南部諸州で働く黒人奴隷を解放することに若い白人兵士たちが命をささげようと思うだけの人種平等主義は育っていません。

そもそも宣戦布告がない。しかも戦争目的が不明確、さらに南軍側は大統領さえまだ決まっていないという中で、気がついたら戦争が始まっていて、両軍合わせて120万以上もの死者を出したというのですから、これまたすさまじい話です。

ついでに申し上げるならば、堂々と宣戦布告を行ってから戦争をはじめるというのは、世界の歴史上、日本くらいなものです。日本では、武道の心得もあって、戦いは、果たし合いであれ、戦闘であれ、すべて「礼にはじまる」のがあたりまえの常識です。けれど世界の戦史を見れば、ご丁寧に宣戦布告をしてから戦争を始めている国自体が、きわめてめずらしい存在であることがわかります。

要するに日本は大東亜戦争で、真珠湾の奇襲がどうのとさんざん言われているけれど、宣戦布告文を、後先の問題は別として、すくなくとも時間通りにちゃんと届けようとしたというのは、それが日本だからで、さらにいえば日本人は、真珠湾の爆撃開始より、宣戦布告文の手渡しの時間が少しだけ遅れたと責められると、気分として、申し訳ないと思ってしまいます。けれどそれは、私たちが日本人で、礼儀やものごとのケジメをきちんとしなければ気が済まない民度の高い民族だからそうなるだけのことで、世界の歴史では、むしろ宣戦布告などないのが「あたりまえ」なのです。もっといえば、卑怯も卑劣もなくて、ただ「勝てば良い」というのが世界の現実です。そして「勝てば良い」のですから、勝つために手段は選びません。どのような不正があっても、最後に勝ちさえすれば、それらの不正の一切は許容されてしまうのが世界です。このことは先の米大統領選でも明らかなことです。

▼正義が成立するには

これが「歴史の浅さ」というものです。そもそも何をもって不正とするかは、その国の何百年、ないし何千年という文化と伝統の中で、様々な紆余《うよ》曲折《きょくせつ》を経《へ》て形成されていくものです。ですから建国から２４０年あまりしか経っていない国では、正義は勝つことであり、がんばっても憲法を守ることくらいでしか共通の正義の概念を持てないのです。

すこしわかりにくいかも知れませんので、説明すると、たとえば人を騙《だま》すことと騙されることでは、どちらが悪いのかといえば、日本人は「騙すほうが悪いに決まっている」としか思いません。けれど歴史のない国では、「騙されるほうが悪い」のです。「騙すほうが悪い」ということが世間の常識となり文化となるには、単に教育だけでなく、その国が最低でも数百年、できれば千年以上にわたって、これを「悪い」とすることを常識としてきたという歴史が必要になるのです。

あるいは「人のものを盗むことはいけないこと」という概念にしても、国が若ければ、盗んで自分の富を築いたほうが「勝ち」なのです。それが「いけないこと」となるためには、国が変わらずに千年以上の歳月を過ごす必要があります。残念ながら、同じ地域の同じ民であっても、国の形が変われば、容易にそうした文化は失われます。

逆に言えば、その国が千年以上の歴史文化伝統を持っていれば、数十年から百年程度、もし文化が失われたように見えても、必ず文化を取りもどすことができます。まして日本は、歴史を振り返れば最低でも3～4万年の歴史と文化の蓄積があるのです。このことの持つ価値に、私たちは気付く必要があると思います。

▼アメリカ連合国

さて、こうしていきなり始まった南北戦争ですが、開戦に先立ち、なぜ南部11州がアメリカ合衆国から脱退し、「アメリカ連合国」を組織したのかを知っておく必要があります。

アメリカ連合国（正式名称 Confederate States of America）11州というのは、ミシシッピ州、サウスカロライナ州、フロリダ州、アラバマ州、ジョージア州、ルイジアナ州、テキサス州、バージニア州、アーカンソー州、テネシー州、ノースカロライナ州です。

これら11州の主たる産業は綿花栽培でした。この時代、まだ石油がありません。要するに化繊《かせん》なんてなかったわけで、ですから人々の衣類は、もっぱら綿です。産業革命以後のイギリスでは、繊維製品加工業が大発展しており、彼らはアメリカ南部諸州から、綿花を安く輸入し、これを機械で糸にし、布や衣類に加工し、できあがった製品を世界中に輸出していました。

当時の英国は、まさに七つの海にまたがる大帝国です。繊維製品には大英帝国製というハクもつきます。英国製の生地《きじ》や仕立物は、まさに世界中でひっぱりだことなり、つい何十年前までは、英国製生地・仕立てといえば高級背広として、1着数十万円で売買されていました。

アメリカの南部諸州が広大な土地で、綿花を栽培する。集荷した綿花を英国に運ぶ。英国がこれを生地に仕立てる。その生地が世界中で売れる、という流れが当時はできていたのです。ですからこの時期、アメリカの南部諸州は、綿花を作れば売れました。馬鹿みたいに売れました。作ったら作った分だけ売れました。

当然、農場は広大になり、格安労働力として黒人奴隷が使われ、農場は見渡す限りに広がり、綿花の輸出で大儲けした各家は、豪華な宮殿のような屋敷を作り住みました。映画「風と共に去りぬ」で有名なスカーレット・オハラが住んだ、まるで王城のような立派な屋敷は、まさにその時代の南部の白人の農家の姿そのものであったわけです。

▼貧乏だった北部諸州

一方、北部諸州はどうかというと、気象条件の違いで、綿花の生産というわけにいかない。そこで北部諸州は、むしろ綿花を加工する工業化を促進しました。つまり英国の繊維産業を、自前で展開しようとしたのです。ところが七つの海を制し、世界に市場を持つ英国と根本的に違うのは、北米諸州には、それだけの市場がないということです。英国のようなブランド力もありません。モノを作れば売れたわけではないのです。モノは、売り先があってはじめて売れるのです。

だから北部諸州は、海外の、まだ英国が手をつけていない地域を植民地化し、そこに新たな市場を築こうと模索しました。一方では綿花の輸出を制限し、保護貿易化を推進して、いわば強制的に国内での綿花流通を盛んにしようとしました。

ところが、です。これをやられると困るのが、南部諸州の農場主たちです。彼らは生活のすべてが、綿花を作ることと、これを英国に輸出することで支えられているのです。にもかかわらず合衆国政府は、アメリカ北部の繊維産業を活性化したいから、英国との自由貿易を許さない、というのです。

当然、農場主たちは怒ります。農場主たちに支えられた、南部諸州の政治家も怒ります。そりゃそうです。死活問題です。そこへもってきて１８６１年《万延二年》には、リンカーンが大統領に就任します。貿易を保護貿易化され、輸出入に関税がかかり、米国南部諸州産の綿花が国際競争力を失い、リンカーンの政治主張である奴隷制の廃止が実現してしまったら、南部の経済は壊滅します。

ところが開戦時点では、北軍、南軍ともに、兵士はおろか軍備すら準備できていません。それなのにどうして北軍は、わずかの間に２２０万もの兵力を用意し、その兵全員に最新式の銃を装備させるなどという芸当ができたのでしょうか。しかも開戦時点では、アメリカ合衆国の主たる産業は、むしろ南部11州の綿花栽培であり、北軍諸州の機械工業は、いまだ市場も確立しておらず、産業として育っていません。要するに北軍の方が南軍側よりはるかに貧乏だったわけです。それなのに北軍は、２２０万の将兵に真新しい制服を着せ、最新式の銃を持たせ、さらに最新式の大砲を取りそろえて、南軍諸州に移動させ、攻め込んで勝利を得ています。すこし考えたら誰でもわかることですが、これには莫大な戦費がかかります。

お金持ちだった南部11州でさえ、戦費の調達のために、ヨーロッパで外債を発行しているのです。戦いにはお金がかかるのです。ところが北軍は、1ドルの外債さえも発行することなく武器や兵を揃えて戦いを進め、さらに戦後には南部が発行した戦時国債を全部引き受けて代払いしただけでなく、その直後にはなんと広大なアラスカをロシアからまるごと買い取っています。

▼湧いて出た黄金

北軍側は、いったいどこからそんなお金が湧いて出て来たのでしょうか。

実はそこに日本が重大な関係をしています。

人類が誕生してから、現在に至るまでに世界で算出した金（Ｇｏｌｄ）の量は、オリンピックプールに換算して、およそ3杯分です。そのうち、なんとまるまる1杯分が、日本産です。マルコポーロは、日本を指して「黄金の国ジパング」と呼びましたが、かつての日本は、まさに「黄金の国」そのものだったのです。

おかげで江戸時代の日本では、普通の庶民が財布に1万円札の代わりに黄金でできた小判を入れていました。一般庶民の間では、生涯に一度は、お伊勢参りに、金毘羅詣で、富士登山などのような旅をすることが常識でした。私が住んでいる家の近所には、昔は富士山信仰がありましたが、このため毎年村人たちが富士山にでかけていました。そして富士山の溶岩を持ち帰っては、これを積み上げて、おかげでいまでは高さ5メートルほどの溶岩山が、神社の境内にできています。

江戸時代には、こうしたツアーを行うための旅行代理店もあり、旅は船や徒歩でしたから、都度、馬鹿にならない費用がかかったのですが、一般庶民が普通に、そうしたツアーに参加していたわけです。江戸時代の農家は、現代日本よりもよほど豊かだったのです。

そうした旅に出るときは、作法として、着物の衿《えり》に、小判1枚を縫《ぬ》いこんでおくのが常識でした。旅の途中で万一、旅の行き先を間違えた（急にあの世に行くことになった）とき、自分の遺体を世話してくれる人への、お礼です。小判1枚は、いまだとだいたい6万円相当ですから、それなりの謝礼金の意味をなしていたわけです。

そんな具合ですから、いまの日本人は財布の中に、紙（紙幣）を入れていますが、江戸時代には、誰もが黄金を懐に入れていたわけです。少し考えたらわかるのですが、そこらを歩いたり電車に乗ったりしている人みんなの財布の中に、黄金でできた小判が何枚かはいっている。それが日本全体になったら、いったいどれだけの黄金の流通量だったのか。想像しただけで、気が遠くなるような話です。どれだけ日本が黄金の国だったのかがわかろうというものです。

すこし余計なことを書くと、黄金がたくさんあったことで、江戸の昔から歯の治療といえば金歯が主流でした。我々の祖父の時代までは、年寄りがニヤリと笑うと、総金歯がごく普通でしたし、入れ歯といえば、いまどきは白い歯をポリデントで洗浄しますが、昔はそれが黄金製でした。

総金歯といえば、獅子舞の獅子も、総金歯です。獅子はライオンのことですが、百獣の王ライオンを総金歯にしたてて「おめでたい」と喜んでいるのは、おそらく世界広しといえども日本くらいのものではないでしょうか。まさに日本は、掛け値なし、ほんものの「黄金の国ジパング」だったわけです。

▼日本からの黄金の流出

その日本に、嘉永六（1853）年、アメリカから黒船がやってきました。南北戦争の8年前の出来事です。鎖国をしていた日本は、とりあえずペリーを上手に追い払い、まる1年、問題を先送りの塩漬けにしました。もともとアメリカが東南アジアに進出しようとした目的は、英国にならぶ繊維製品の販売市場を東亜に求めようとしてのことです。南部で生産された綿花を用いて、北部諸州に、英国に代わる生地の製造業を育てようとしたのです。そのためには、英国と同様、綿織物の輸出先が必要になります。それを東亜に求めたわけです。

ただ、実際にペリーが日本に来てみると、日本人は綿だけでなく、麻や絹まで自国で生産しています。しかも紡《つむ》がれる織物は、まさに工芸品で、世界中のどの国の製品よりも品質が良い。これでは米国は商売になりません。さて困ったと思っているところに、米本国からタウンゼント・ハリスがやってきます。そして日本の国内事情を調べると、なんと、日本では黄金がめちゃくちゃ安い。

当時、世界の相場は、メキシコ銀貨4枚で、金貨1枚と交換です。ところが、日本では、メキシコ銀貨1枚と一分銀4枚が等価、一分銀4枚と慶長小判1枚が等価です。つまりメキシコ銀貨1枚を持って日本に行くと、日本の銀貨4枚と交換してもらえる。そしてその4枚は、慶長小判1枚と交換になる。その慶長小判1枚を香港《香港は当時英国領でした》に持っていくと、メキシコ銀貨4枚と交換してもらえたのです。つまり、香港と日本を往復するだけで、手持ちのマネーが、あら不思議。なんと4倍に増えたのです。

これを知ったハリスは大喜びします。で、彼が何をしたというと日本との間で、日米修好通商条約を取り交わしました。

これが嘉永七年《1854年》のことです。

学校ではここまでしか教えないけれど、この条約そのものは、体《てい》のいい能書きしか書いてありません。大切なのはそのあとに交された日米和親条約の細則、つまり「下田条約」です。その細則で、ハリスは米国と日本の金銀両替相場を固定相場にしてしまったのです。

この結果ハリスは、香港と日本を往復するだけで、巨万の富を手にします。どのくらい儲けたかというと、なんと京《ケイ》の位まで儲かったそうです。京というのは、1兆の1万倍です。当時、小判入手を目的とするメキシコ銀貨の一分銀への両替要求は、1日になんと1万6千枚にも上ったそうです。おかげで国内に流通すべき一分銀は巷《ちまた》から消えてしまうし、日本の小判も国外に流出してなくなってしまいます。やむなく幕府は、見た目が同じで金含有量が慶長小判の約4分の1しかない万延《まんえん》小判を鋳造《ちゅうぞう》します。これが1860年の出来事です。

いまの日本から、こつ然と1万円札がなくなったところを想像してみてください。当然日本国内ではたいへんな混乱がおきると思います。ところが、そのあとに政府が発行した新1万円札が、実際には2500円分の値打ちしかないとなったら、世間はどう思うでしょうか。月給20万円の約束で入社して、たしかに額面は20万円の給料をもらったのだけれど、その20万円では5万円分の買い物や支払いしかできないのです。民衆の間に、政治不信どころか、政府そのものへの信頼が崩壊することでしょう。それが現実になったのが幕末であったのです。

これが起きたのが、ちょうど南北戦争が起きる1年前の出来事です。

▼黄金の含有量を減らした万延小判

そもそもハリスはどういう人かというと、アメリカ合衆国の外交官です。要するに公務員です。そして第16代アメリカ合衆国大統領エイブラハム・リンカーン《Abraham Lincoln》の子分です。ハリスが日本の金で大儲けした金は、アメリカ合衆国の収入です。ここがハリスの偉いところで、それだけの巨万の富を個人的に稼げば、彼はアメリカの新大統領になることも、あるいは米国を買い取って米国王となることもできたかもしれません。けれどハリスは、どこまでも国のため、リンカーンのために働いたのです。そういうところが、「憎しみと恨みと欲望と穢れ」を根本にしているどこかの国の人と、アメリカ人の違うところです。

さて、リンカーンは、南北戦争を戦い、勝利しました。では、リンカーンの勝利の要因となった、その莫大な戦費は、いったいどこから生まれたものだったのでしょうか。皆様にはもう、答えがお分かりのことと思います。

ところが話は、これだけでは終わらないのです。

南北戦争が終わると、武装解除した南軍から、大量の武器、弾薬、大砲、砲弾、軍服が没収されました。南北戦争は１８６５年に終わるけれど、これは日本でいったら慶応元年です。そして幕末、官軍と幕軍が戦った戊辰戦争は、慶応四年にはじまっています。

万延小判によって、金の国外流出を防いだ日本から、さらにお金を引き出すには、この武器や弾薬、軍服を日本に買わせることです。そのために、米国は幕末の改革に意欲を燃やす志士に裏でお金を渡して国内の紛争をあおり、さらに英仏に声をかけて、英国には薩長へ、フランスには幕府側に、南軍から没収した中古品の装備を売りつけさせました。

幕末戊辰戦争の時代の、薩長軍と幕軍の装備を見ると、どちらも同じ制服、同じ銃を所持していますが、その理由は、こうしたカラクリがあったからです。アメリカ北部州は、日本からせしめた金で南北戦争を戦い、戦後は余った武器を、ひとつはフランス経由で幕府に、ひとつは英国経由で薩長に売り、そこでまた巨額の儲けを出したのです。

日本からみると、アメリカに金貨をだまし取られ、国内の金貨が空っぽの状態で、青息吐息でさらにアメリカから中古武器を買って戊辰戦争を戦った、ということです。当時の日本は、金の流出と、それへの対策としての小判の改鋳《かいじゅ》《小判の金の含有量を落とした＝万延小判》によって、国内経済は大混乱し、幕府政治の失態《しったい》への怨嗟《えんさ》の声が日本中に満ち溢《あふ》れていました。つまり国内的に対立の火種があったのです。この対立にフランス、イギリスがそれぞれ幕府側、薩長側に付いて、互いの戦争をあおりました。

そしてアメリカからは、大量の格安中古武器がやってくる。アメリカは、自分では日本に売りません。なぜかというと、自分で売ったら、薩長か幕府側か、どちらか一方にしか中古武器を売れないからです。けれど英仏を経由すれば、官軍、幕軍、両方に武器を売れます。すると倍の量がさばけます。ということは倍儲かります。

「おさむれえさん、新しい銃なら、1丁10万円なんスよ。けどね新品同様の中古品なら、

1丁2万5千円でいいッスよ。しかもね、銃1丁につき、弾薬千発つけちまう！　どうです？　いい買い物でしょ？　いまなら、もれなく新兵器の指導教官も付きまっせ！」

おかげで、百姓町人まで武器を持って武家と戦うことになったのが戊辰戦争です。アジア諸国でも、アフリカでも、こうして内乱をあおると、同じ民族内部で血の抗争が始まり、それは次々に飛び火して極めて大規模な内乱に成長していくものです。当時の日本の人口は約3千万ですが、だいたい有色人種国でこの種の内乱が起き始めると、世界の常識では、約1千万人が死にます。そうして国が疲弊して、統治能力さえも失われたところを植民地化されるわけです。

▼今なお続く明治維新

ところが武器まで提供して戦いを煽《あお》ったのに、江戸城は無血開城《むけつかいじょう》してしまいました。上野のお山の彰義隊《しょうぎたい》や、長岡藩や会津藩、二本松藩、箱館五稜郭《ごりょうかく》等では激しい戦いが繰り広げられましたが、それらは世界の内戦の常識からすれば、瞬《また》く間に終結してしまい、逆に日本には米英仏が意図しなかった統一国家が誕生してしまいます。

それで清国に体力を付けさせて、清国をけしかけて日本と戦争させるのだけれど、これまた予期に反して日本が勝利してしまう。これが１８９５年《明治28年》のことです。その日本の勝利を認めずに、両国の戦後処理条約に介入して、さらに日露を戦わせる《１９０４年《明治37年》の日露戦争》のだけれど、これまた日本が勝利してしまう。それどころか、１９４１年《昭和16年》からは、大東亜で血みどろの戦いを行って、世界中から植民地を消し去ってしまう。

その意味では、嘉永６年の黒船来航によって始まった明治維新は、いまなお続いています。なぜなら、明治維新の戦いは、「民衆が《おほみたから》として、豊かに安全に安心して暮らすことができる日本」を護《まも》るための戦いであったからです。そしてそれは、ごくひとにぎりの人たちが世界を支配し、その人たちだけの贅沢しか許容されない社会との戦いであったということができます。そうであれば、明治維新は、いまなお続いています。それは世界から意図的に造られた「憎しみと恨みと欲望と穢れ」を消し去る壮大な戦いでもあるのです。

二　リンカーンを抹殺せよ

▼リンカーンと奴隷制度

エイブラハム・リンカーンといえば、第16代アメリカ合衆国大統領であり、黒人奴隷の解放を行った大統領として、わが国の学校教育で教えられる人物です。けれど実はリンカーンは奴隷の解放は行っていません。行ったのは奴隷制度の廃止です。奴隷の廃止と奴隷という制度の廃止では、実は意味がまるで異なります。奴隷の廃止なら、奴隷の身分におかれていた黒人たちは市民権を得るという方向に向かいます。リンカーンがその方向を向いていたことは事実ですが、実現できたのは制度の廃止だけです。

どういうことかというと、米国の南部では広大な綿花農園が営まれていました。映画「風と共に去りぬ」の主人公のあの豪邸は、そんな綿花栽培によって得られた富によってもたらされたものです。そうした農園では、黒人奴隷を持ちました。奴隷というのは雇用関係ではなく、所有関係です。人が動産として売買されるのです。動産とはいえ生き物ですから、ちゃんと食事を与え、住まいも与えます。さらに小遣いも与えます。奴隷として買われた黒人たちは、そうして得た小遣いで酒場で酒を飲みました。そんな酒場で生まれたのがジャズ・ミュージックです。奴隷と言いながら、黒人たちは楽器を買い、音楽を楽しむことができるだけの余裕があったのです。

ところが北部諸州はどうかというと、産業らしい産業がありません。産業がないところに、ヨーロッパから次々と移民がやってきます。移民たちはみんなある程度のお金を持ってアメリカにやってきますから、新たに入ってきたお金を巻き上げて、そのお金で経済を回していました。働かなければ新規のお金は得られないのですが、そもそも労働は神から与えられた原罪です。ですから雇用関係を結んで雇われても、働きはあまり良くない。

そんな北部に、南部であふれた黒人たちがやってきます。黒人は所有関係です。動産ですから働きが悪ければ殺されたって文句は言えない。だから一生懸命働きます。一方、白人たちは雇い主に文句ばかり言って働かない。当然、雇用主からすれば、黒人奴隷のほうが扱いやすいわけです。ところがそうなると、白人たちは雇用を奪われます。ただでさえ雇用の場が少ないのに、その雇用先が黒人に奪われる。これは面白くないということで、奴隷という所有関係を廃止しましょう、というのがリンカーンの主張であったわけです。そもそも当時の黒人たちに市民権はありませんから、リンカーンが大統領選挙に出て、黒人たちに良い顔をする意味はないのです。あくまで「白人の雇用の安定のために奴隷の制度を廃止しよう」と訴えて、これを公約に掲げていたのです。

ところが南部諸州にしてみれば、奴隷制度が廃止されて、黒人たちが雇用関係になったら、綿花の栽培コストが高くなります。それは綿花栽培によって得られる利益の減少をもたらします。だから南部11州は、そんな政府には付いていくことができない、となって、アメリカ合衆国から離脱しようとし、こうして始まったのが南北戦争です。

▼リンカーンの暗殺とアラスカの買収

南北戦争は、1861年から1865年にかけて、北部のアメリカ合衆国と、そのアメリカ合衆国から分離独立した南部11州によるアメリカ連合国との間で行われた戦争です。ちなみに国対国で行われるのが「戦争」、国内の騒動として大きなものが「内戦」、小さなものが「内乱」です。南北戦争は、同じアメリカ合衆国の中で行われたのではなく、独立国同士の戦いだったから「戦争」の用語が使われます。

この戦いで、北軍のリンカーンは見事に勝利をおさめることができました。その背景となったのが、日本からの大量の黄金の流出であったということは前節で述べました。なにしろ世界の3分の1ともいえる黄金が手に入ったのです。しかしこのことは、国際金融資本から見ると、黄金の相場を崩すことを意味します。黄金の総量が増えれば、その分、黄金の価値が下がるのです。このことがリンカーンの運命をも左右します。

リンカーンは、南北戦争を勝利に導いた、たいへんな英雄となりました。そしてリンカーンは、アポマトックス・コートハウスの戦いで南軍の名将ロバート・エドワード・リーが降伏し、事実上南北戦争に勝利したその翌日《1865年4月11日》、ホワイトハウスの前で有名な「黒人に参政権を認めよう」という演説をしています。まさに得意の絶頂にあったのでしょう。ところがそのリンカーンは、その演説のわずか3日後《4月14日》に、フォード劇場で芝居の観劇をしているところを銃で撃たれ、翌日亡くなりました。暗殺の理由は様々に言われていますので、ここでは省《はぶ》きます。しかしここで不思議なことは、なぜかリンカーンが亡くなったすぐあとに、アメリカが、アラスカをロシアから買ったのか、です。

なぜならアラスカは、いまでこそ米国最大の油田があり希少金属の産地となっていますが、購入当時は何の価値もない、ただの寒冷地としてしか認識されていなかった土地なのです。

もともとはイヌイットとネイティブアメリカンの土地で、そこをロシアが「発見」したことにして、「ロシア領アメリカ」という名でロシア帝国の植民地になっていた土地です。植民地化したことで、アラスカにはロシア人が入植して毛皮を獲ったりしていましたが、なにしろ本国までの運送コストがバカにならない。つまり毛皮を獲ってもまったく商売にならなかった土地でした。つまりこの時代のアラスカは、ただの不毛の寒冷地という以外、何の価値もない土地だったのです。

そんなアラスカを、リンカーン亡き後の米国は、あっさりとロシアから購入しています。担当したのは国務長官のウィリアム・H・スワードで、彼はアラスカをロシアから1キロ平方メートルあたり、なんと5ドルという高値で購入しました。アラスカは米国の他のすべての州の海岸線を合わせたよりも長い海岸線を持つ広大な地域です。ですから購入には、なんと720万ドルという大金を要しました。スワード国務長官は全米から「愚行だ！」「巨大な冷蔵庫を買った！」などと、たいへんな非難を浴びましたが、ではそんな不毛の土地を、なぜ彼は購入したのでしょう。いまでこそ貴重な資源産地となっているアラスカも、ロシアからの購入当時は、いわば「米国の無駄遣い」でしかなかったのです。720万ドルといえば、いまの為替相場なら、日本円でおよそ8億円ですが、購入が1867年であったことを考えると、いまのお金に換算したら、米1俵《60キロ》が当時は1・5円、いまなら3万円前後ですから、およそ16兆円くらいの費用になります。それをアメリカは、分割払いではなく、一括払いで買っています。

普通に考えて、120万の戦死者を出した南北戦争を終わらせたばかりという巨額の財政支出をしたばかりの米国が、どうしてこのような《当時としては》無駄遣いとしかいえないような高価な買い物をしたのか。このことを不思議に思わないほうがどうかしています。ひとついえることは、当時のアメリカには、それだけの購入資金があった、ということです。しかもアメリカはこのとき、同時に南軍が戦争のために発行していた外債の借金を、全額代払いして完済しています。要するに、ひとことでいうなら、それだけ日本から流出した黄金の量が多かった、ということです。

三　アラスカの売買とロシア革命

▼もともとの為替の仕組み

ここで為替についてお話ししておかなければなりません。いまでこそものすごく複雑な仕組みになっている為替ですが、もともとはきわめてシンプルなものでした。

このところ黄金が値上がりしていて、いまだと黄金1グラムが日本円で買うと7千円、ドルで買うと58ドルです。ここがわかれば、為替は簡単です。日本人が米国から物を買うとき、その値段が58ドルだったならば、日本円で7千円払えば良いからです。こうして黄金をそれぞれの国の通貨でいくらで買えるか。そのことでそれぞれの国の通貨が両替される……というのが「もともとの」為替の形です《いまでは先物もあるし、他の鉱物資源もあるし、もっとはるかに複雑になっています。あくまでもともとは、ということです》。

さて、自国の税を納《おさ》めることができるものが通貨です。その自国の通貨は、それぞれの通貨の信用によって、黄金との交換相場を持ちます。ですから黄金を媒介《ばいかい》すれば国際取引が可能です。さらに、黄金があれば、国際取引の決済は容易です。

その昔、モンゴルの時代には、紙の交鈔《こうしょう》が、通貨の役割を果たしました。けれど国が失《な》くなったとき、紙の通貨は、ただの紙切れになりました。

その後に力を持ったオスマン・トルコは、黄金を用いて国境のない通貨を成立させました。そしてオスマン帝国のあと、独立を果たしたヨーロッパの各国は、それぞれ独自の通貨を発行するようになりました。けれど、国が発行する通貨というのは、国がなくなれば、ただの紙切れになります。そこで黄金を持つ石屋さんたちが、各国で黄金と交換できる兌換紙幣《だかんしへい》を発行するようになりました。こうすることで、どの国の通貨であっても、黄金との交換レートで、国際取引ができるようになったのです。

もと石屋さんだった人たちは、こうして通貨の発行を代行し、また国際取引の為替を行い、あるいはお金を貸したり投資したりする銀行業者となっていきました。

銀行が発行する紙の通貨は、もともとは黄金と交換できる兌換紙幣でした。これはいわば黄金の預り証が、通貨となっているようなものです。本来ならば、兌換紙幣の発行総量に等しい黄金が対で存在しなければならないのですが、実際の取引は、「黄金と交換することができる」ということだけで可能です。つまり、ごくわずかな黄金を持っているだけで、莫大な量の金融取引が可能になります。そしてここまでの仕組みが完成していたのが、リンカーンの時代の19世紀であったわけです。モンゴルの交鈔から600年で金融界はそこまで進歩していたわけです。

▼黄金相場の維持確保

この黄金を基軸にした国際為替が、きわめて危険な状況に至る原因を作ったのがリンカーンでした。なにしろ当時世界で流通していた黄金と、ほぼ同量の黄金を、リンカーンは手に入れたのです。

こうなると困るのが国際為替を行う銀行屋さんたちです。彼らは黄金を見せ金としてビジネスをしています。しかしリンカーンは、彼らと同等の黄金を持ったわけです。このままいけば、国際金融資本はすべて崩壊し、リンカーンの米ドルに、すべて飲み込まれてしまいます。要するに、国際金融資本家たちにとって、彼らを滅ぼしかねない巨大金融が生まれようとしていたのです。これを阻止し、国際金融を守るためには、なんとしてもリンカーンから黄金を取り上げなければならない。もしかすると南北戦争で巨額の武器弾薬が動いたのも、リンカーンが持つ巨額の黄金を、どうやって吐き出させるかというテーマに基づくものであったのかもしれません。

ところが、南北合わせて120万の死者を出した南北戦争さえも、米国リンカーンが手にした黄金を吐き出させるほどの威力はありませんでした。そこでとられたのが、米国にロシアが所有するアラスカを買わせるという戦略です。

値打ちのない土地で坪単価が低くても、アラスカはとにかく面積が広大なのです。そして国際取引である以上、アメリカはドルでロシアからアラスカを買うことはできません。買うには黄金が必要です。つまりアメリカの所持する黄金が、アメリカからロシア皇帝の手元に移るわけです。

実はこのとき、なぜか都合よく、「ナロードニキ事件」という不思議な事件がロシアで起こりました。この事件は、「帝政ロシアを打倒せよ！　農民たちによる自治を実現せよ！」というロシア内部の市民革命のような運動が大規模に行われた事件です。事件の中核を担ったのは、ロシア農民ではなく、なぜか不思議なことに、農民たちが自治を始めたら一番損をするはずのロシアの中流資本家たちでした。この事件は、数千の農民を動員するところまではいきました。農民たちは、何故か持っていなかったはずの武器を手にしていました。つまり巨額の資金がウラで動いたわけです。けれどこの事件は、小規模の暴動のまま、帝政ロシアによって、またたく間に鎮圧されています。

鎮圧されたナロードニキの運動家たちは、民衆の動員が不可能とみるや、今度はテロに走り、第12代ロシア皇帝であったアレクサンドル2世を暗殺してしまいました。これがアラスカの売買からわずか14年後の１８８１年のことです。

アレクサンドル2世の後を継いで帝位に就いたのが、当時26歳だったニコライ2世です。ニコライ2世は1898年に戴冠式を行い、第13代ロシア皇帝に就任しました。

▼皇帝への嘆願と血の日曜日事件

ニコライ2世自身は、たいへんな親日家であったと伝えられます。当然、ロシアと日本は仲良しでした。ところが朝鮮半島にあった李氏朝鮮が、内部の政権闘争にロシアと日本を巻き込んで迷走した結果、日本とロシアは戦争になりました。これが日露戦争《1904年〜1905年》です。ちなみにこの「半島内部の政争に周囲の国が巻き込まれて、その周囲の国同士が戦争になる」という展開は、古来変わらぬ毎度のことで、日清戦争もそうでしたし、古い昔の百済救援の戦い《663年》もそうでしたし、戦後の朝鮮戦争《1950年〜1953年》も同じです。百済救援の戦い、日清・日露の戦いは、日本が当事国になりましたが、朝鮮戦争では米国が当事国になりました。相手は唐だったり清国だったりロシアだったり中共軍であったりしますが、いずれも半島内の政争に巻き込まれ、半島から見れば外国同士が半島内で戦うに至っています。古来、半島にかかわるとろくなことはないのです。

さて日露戦争のさなかの1905年1月のことです。なぜかこのタイミングで、莫大な日露戦争の戦費などによる重税を和らげてくれるようにとの皇帝への嘆願書を持った10万の民衆がサンクトペテルブルクに集まりました。集まった民衆は《なぜか都合よく》およそ4万がサンクトペテルブルクの市内での略奪や暴行を始め、残りの6万がサンクトペテルブルクの冬宮殿前に集まって大騒ぎをしました。宮廷側はやむなくこの民衆に発砲し、これによって2～4千人《正確な人数はわからない》が死亡します。これが「血の日曜日事件」です。

この事件によってロシア国内では、皇帝に対する忠誠心が砕かれたとして、全国規模の反政府運動が起こります。これがロシア第一革命と呼ばれるものです。この革命では、「なぜか」武器を所持した農民たちが蜂起《ほうき》して地主たちを追い出し、都市部でも「なぜか」武器を所持した労働者たちが大規模なストライキを起こしました。

やむなくロシア政府は、大砲まで持ち出して、およそ1年かけてこの反乱を鎮圧するのですが、ここでも「なぜか」都合よく第一次世界大戦《1914年～1918年》が起こり、ドイツ軍がロシア領内部まで深く侵攻します。こうしてロシアは各所で敗北を喫し、結果2年間の戦闘で、なんと530万人もの戦死者を出してしまいます。当然のように、ロシア国内では、軍にも市民にも厭戦《えんせん》気分が広がり、第一次世界大戦中の1917年2月に首都のペトログラードで軍と市民が蜂起して、ニコライ2世を強引に退位させました。これがロシアの「二月革命」です。

▼武器弾薬の資金はどこから？

少し考えたらわかることですが、どこの国でも、圧倒的な武器弾薬を国が所持します。また国は警察機構も持っています。それら一切を掌握しているのがロシアの場合は皇帝です。皇帝は国内で絶対的な権力を持っているのです。しかも帝政ロシアは、ニコライ2世の退位まで196年間も、ロシアを力で征圧し続けた王朝です。そんな強力な王朝が、なぜいとも簡単に倒れることになったのでしょうか。そもそも帝政ロシアを倒すためには、民衆の側に国軍以上、もしくはそれに匹敵するだけの武器が必要です。一般の庶民が、どうしてそれだけの武器を調達できたのでしょうか。

武器や弾薬の手当には、莫大な資金がかかります。市民の側だって銃くらい買えるさ、と思われる方もおいでになるかもしれませんが、たとえば先の米大統領選挙では、トラさんの側の支持者たちが、いつバイさん陣営の側から武力攻撃を受けるかわからないということで、全米の銃器店の在庫がなくなるほど、銃が売買されました。けれど、それで暴動が起き、また武力闘争が起きたのかといえば、答えはＮＯです。市民というのは、基本、武器を使いたがらないし、また武器を持っても、集団としての統制のとれた動きがなければ、革命を成し遂げることなど不可能なのです。つまり革命を起こす側に、相当量の資金があり、それがどこかの誰かによってコントロールされていなければ、革命など成し遂げることは不可能です。

表向きはニコライ2世を倒したロシアの革命勢力を動かしていたのはレーニンだと言われています。そのレーニンはずっとロシア国外で活動していましたが、１９１７年にロシアに戻ると、ロシア語で集会を意味するソビエトを結成し、その赤衛隊の武力によって、ロシア内をあっという間に武力征圧しています。このときにレーニンは、小銃はおろか機関銃や装甲車などまで最新鋭の装備を実現しています。そんな資金をレーニンは、いったい、いつどこから供出したのでしょうか。

▼陰謀と計画

ここで出来事をすこし振り返ってみます。

大量の黄金は、日本から出てアメリカに向かい、南北戦争で散った残りがアラスカ購入によってロシア皇帝のニコライ2世のフトコロへと移動しました。そしてロシア革命によって政権をとったレーニンは、ニコライ2世を含む一家7人全員を銃殺にしました。そして不思議なことに、それまでニコライ2世が所持していた黄金は、「なぜか」行方不明になっています。表舞台では決して議論されないことですが、そもそもその黄金の回収を条件に、巨額の資金を与えられたレーニンが、様々な工作活動を通じてロシア王朝を倒し、回収した黄金で、それまでの資金を返した……とすると、実はロシア革命のすべての流れの辻褄《つじつま》が合ってくるのです。要するに「資金なくして革命なし」です。

そしてこうした流れの中で、アメリカからロシアに渡った黄金は、見事に国際金融資本のもとにすべて納まりました。国際金融の為替を握っている国際金融資本が、黄金を管理下においておけば、黄金の暴落も、彼らの財産の目減りもありません。世界がそれによって多くの命を失おうと、それは革命や戦争をしている人たちの出来事であって、金融資本家たちにとっては関係のないことです。そして財産を半減させるような出来事があれば、それを修復するために何十年もかけて、仕掛けを組んで財産の目減りを改善する。このことは、彼らにとっては、当然のことです。

それを陰謀という人がいますが、こうした活動は、陰謀ではありません。資金の回収には、ちゃんとした計画が必要だし、その計画に基づいて、あとは粛々と事を進めていくだけです。それが金融というビジネスです。

あまりにも壮大な話で、「まさか」と思われる方もおいでのことと思います。ただ、何十兆円もの黄金を手に入れようとすれば、これくらいの企画は当然だということです。

四　黄金の行方

▼さらに米国から動かされた黄金

すこし時代があとのことになりますが、第二次世界大戦において、ナチス・ドイツがソ連に攻め込んだのは、１９４１年６月22日のことです。開戦当初は、ドイツの軍事力の前にソ連は連戦連敗です。ソ連は全土をドイツ軍に蹂躙され、ついに首都モスクワも陥落寸前となるけれど、冬の到来で、かろうじて戦線が膠着化しました。

歴史の教科書では、この後、１９４１年８月からはじまるスターリングラードの戦いで、ソ連がナチス・ドイツに圧勝し、これを転機にドイツ軍が潰走《かいそう》を重ねたと書いているけれど、ここには、重要な事実がひとつ書かれていません。それがなにかというと、実は、ドイツ軍に押され、国家が壊滅の危機に陥ったソ連のスターリンが、米国に泣きついて115億ドル《当時のお金で約4兆1000億円》という途方もない巨額の戦費を借りた、という事実です。

当時の日本の国家予算が8000億円くらいです。いまの貨幣価値に換算したら約50倍ですから、当時の4兆円というのは、いまのお金で200兆円という額になります。要するにソ連は、いまの相場で言ったら200兆円という巨額の戦費を米国から借り、このカネで軍装を整え、さらに米国から様々な軍事技術を導入させてもらって、ドイツ軍と対戦したわけです。

米国にしてみれば、ヨーロッパ戦線においてドイツが、ソ連を手中にすることは、自分たちが戦争に負けることを意味しましたし、貸与《たいよ》なら、いずれは返ってくるお金です。一方、英国は米国を動かしてソ連を助けてドイツをやりこめない限り、もはや国家として生き残れない、国家そのものが風前の灯火《ともしび》でした。ですから英国は米を動かそうと必死だったのです。

ソ連が借りたお金は軍事借款《しゃっかん》です。借款ですから、あくまで一時的に借りただけであって、もらったわけではありません。つまり戦争が終われば、ソ連は米国にその200兆円を返さなければなりません。

▼敵対したら借りた金を返さなくて良い

それで戦争が終わったあとにソ連のスターリンがどうしたかというと、戦争が終わる直前に日本に攻め込んで、米国と敵対関係を築きました。

敵対する戦争当事国間では、借りた金は返さなくて良い、というのが世界の常識です。つまりソ連のスターリンは、米国からカネや軍備をせしめたあと、米国と敵対関係を築くことで、体よく借金を踏み倒したわけです。そして戦後46年経った1991年、このカネを踏み倒したままソ連は崩壊しています。米国の貸した金は、全部、パアになりました。要するに米国も、英国も、スターリンに体《てい》よく騙《だま》されたのです。

問題は、どうしてこのときに米国が200兆円という、途方もないカネを右から左にポンと出すことができたのか、です。つまりそれは、米国がアラスカを買った後に、まだそれだけの金塊がホワイトハウスにあった、ということです。どれだけ日本から流出した黄金の量が大きかったかということです。

カネがあって、武装が完璧で、戦意もあれば、ソ連とドイツの戦いは、ソ連の勝利となります。結局ドイツでは、1945年4月30日に、ベルリンでヒットラー総統が自殺し、5月2日にはソ連がベルリンを占領し、同月、ドイツは降伏しました。

ドイツを破ったあとも、そのために調達した戦費も軍装も、まるごと手元に残っていたソ連は、ヨーロッパ戦線にいた軍を反転させて満洲や樺太に向かわせ、そこで日ソ中立条約を一方的に破棄して日本に攻め込んでいます。戦いは、どちらかといえば、日本軍優勢だったとも言われています。しかし日本は、ポツダム宣言を受け入れて、連合国に降伏しました。

日本軍を武装解除させたソ連は、満洲国を建国した日本の技術者や労働者らを、施設や重機ごと、シベリアに連行し、給料も払わず、タダ働きで使役して、国土のインフラの整備をします。だいたい、日本のいまの自衛隊の予算が、人件費こみで約5兆円です。それを200兆円もGETしたのです。当時のソ連にはカネはあった。そして労働力は、日本人抑留者やドイツ軍抑留者を、タダ同然で使役し、また国内に必要なインフラは、まるごと満州から移設しています。

戦後間もない頃、ソ連は「人々が働かなくても○か年計画という計画経済で、国内のインフラが次々と整い、まさに理想国家を形成した」と、さんざん宣伝していました。また日本国内でも、当時の日本の左翼がさんざんソ連を持ち上げていました。しかしインフラ整備にはお金がかかるものだし、誰かが働かなければ決して整うものではありません。要するに他所の国から借りた金を返さず、捕虜を労働力として使役し、必要な都市インフラは満洲から移設して、ソ連は国を築いたわけです。

▼泥棒して金儲けをする者たち

かつてのソ連を一言で言うなら、ただの泥棒国家でしかありません。理想社会が聞いてあきれますが、世界では、泥棒から泥棒しても、泥棒した者が勝ちです。『アリババと40人の盗賊』は、貧乏なアリババが、40人の盗賊から金貨を奪って大金持ちになる物語ですが、要するに泥棒であれ何であれ、最後に金塊を手に入れた者が勝ちというのが、西洋の理屈です。日本では、騙す人と騙される人がいたとき、騙した側が悪いとされますが、世界では、むしろ騙された側が悪いとするのが常識です。価値観も、真面目に働いてお金を稼いで、みんながそうやって稼いだお金で、みんなが幸せになれるようにみんなが協力しあって社会インフラの整備をすることが正しい人の生き方と考えるのが常識となっている社会は、せいぜい日本くらいなもので、世界では、それは宗教的理想です。

現実は、協力や努力の積み重ねによって財をなすのではなく、カネのある奴から財を奪って大金持ちになるという安易な道が世界の理想であり、個人の常識となっているわけです。理想であることと、常識であることは異なります。このことは、日本人はしっかりと知る必要があります。

ソ連における共産主義革命も、その意味では、共産主義思想という人々が助け合って生活するユートピアを求める思想を、カネと権力への欲望の塊のような連中が利用して民衆を扇動し、結果として自分たちだけが、この世のありとあらゆる贅沢三昧《ぜいたくざんまい》な暮らしを手に入れた革命であったということができます。

ちなみにロシア帝国が滅んで、ソ連が誕生したことで、行き場を失った《国にいたらブルジョアとして殺されます》旧帝政ロシアの旧貴族たちは、こぞって五族協和を目指した満洲国に流入していきます。おかげで旧満鉄の職員には、美しい帝政ロシア貴族の娘たちが数多く採用されていたのですが、満洲がソ連に蹂躙《じゅうりん》されたとき、その旧貴族の一家や娘たちがどのような運命をたどったのか、歴史家たちは、誰もそのことに言及しません。

どうなったのか気になっていたのですが、さすがは日本です。ソ連が攻め込んでくるとわかったとき、彼ら帝政ロシアの人々を、なんと早々と上海経由でブラジルに逃がしています。そのブラジルに逃げた、かつて満州にいた帝政ロシアの人々と、ブラジルの日系人たちは、いまもたいへんに深い信頼関係で結ばれています。

大切なことは、巨額の黄金を前にしたとき、その黄金を手に入れるためなら、何百万人の命が犠牲になっても、一向に意に介さない人たちがいる、ということです。

こらむ　権力による私的支配を拒否し続けてきた自由を持つ国はどこにあるか

▼権力に支配された奴隷

タイトルの答えは、日本です。これが実現できた国は、世界の歴史を通じて、日本だけです。なぜ日本にそれができたのかといえば、日本が、一度も他国による支配や侵略を受けたことがない国であったからです。ただし、戦後の日本は、これと異なります。

世界の歴史を振り返ると、民族が皆殺しの憂《う》き目に遭《あ》う危険が伴う世界では、民族が国家としてまとまることで外敵を打ち払うためには、国家の中心に権力を置くという社会形態を構築する他なかったといえます。だから世界には国ができたし、王国が生まれたし、同盟や朝貢《ちょうこう》なども行われました。

ところが人には欲望があります。そして権力には腐敗が付き物です。結果として、権力者だけが贅《ぜい》をつくした生活を送り、民衆は貧困にあえぎ、私的に支配され続けるということが世界の常態となりました。さらには権力が自国民を虐殺したりしてきたのも、世界の歴史にはあたりまえのようにあることといえます。

西洋史において、英雄はいつしか権力者となりました。そして権力者は支配者となり、権力者以外は被支配層として権力者の所有物となりました。個人の所有下にある人々のことを隷民《れいみん》と言います。もっというなら奴隷です。

誰だって他人の持ち物にされたり、奴隷にされたりするのは嫌ですから、いつの世も民衆が望むものは、「権力からの自由」であり続けました。しかしそうして権力に立ち向かい、権力を打倒して英雄になれば、結果として人々はその英雄に支配されることになりました。ですから西洋の人々にとっては、自由は、まさに見果てぬ夢であり、坂の上にある手の届かない雲であり続けたわけです。

このことは、19世紀以降に中心をなした民主主義においても同じでした。近代民主主義は、国家は民衆が形成するものであり、民衆こそが国家を担う者だから、その民衆の選挙によって国家の代表を選べば、民衆に自由と幸せがやってくるに違いないという理想を掲げました。ところがその近代国家は、政治権力と、これに結びついた商業資本によって操《あやつ》られ、気がつけば、かつての王国の時代では考えられなかったような市民の大量殺戮《さつりく》が公然と行われるようになりました。それが2度に渡る世界の大戦であり、いまなお富は偏在《へんざい》し、選挙は利権の戦いとなり、政治権力と商業資本が富と権力を寡占《かせん》し、結果として末端にある民衆は飢餓と病によって隷民となっているというのが、世界の実情といえます。

▼欧米より千年進んでいた日本の思想

こうした世界にあって、いったいいつの時代にはじまったのかさえもわからないはるか昔から、我が国では、国家最高の存在を「権威」とし、その権威によって末端の国民を「おほみたから」とする国作りが行われてきました。これを我が国の古い言葉で「シラス」と言います。

シラス国にあっては、政治権力者の下にある民衆は、政治権力者よりも上位にある国家最高権威である天皇の「おほみたから」と規定されます。国家最高権威は、政治権力を持ちません。持てば権力による民衆支配になるからです。権力による支配は、物の所有と同じです。所有されるということは、人が私有民という名の動産となるということです。つまり奴隷です。我が国はこれを否定しました。民衆は私有民でもなければ、動産でも奴隷でもありません。国家最高権威のいちばん大切な「おほみたから」です。こうすることで、国家最高権威の部下となる権力者は、常に「民衆のために働くもの」という形ができあがります。

古事記や日本書紀では、シラス体制が、天照大御神が天の石屋戸にお隠れになられたときから、その仕組が始まったと説きます。高天原にやってきて大暴れする弟のスサノオの行動に、八百万の神々が天照大御神を頼るばかりで、まったく自分たちで責任をもって事態を解決しようとされない。さりとて天照大御神が八百万の神々をお叱りになられれば、神々に責任が及び、たいせつな神々を失うことになってしまいます。そこで天照大御神は、黙って岩戸にお隠れになられます。ここから責任というものが我が国においては、他人から問われてはじめて発生するものではなく、自らが感じ取るものとされるようになったのです。

▼刑法を作らなかった日本

このことは刑法の成立にも影響を与えています。我が国の法制度は、唐の国に倣《なら》った701年の大宝律令に始まりました。律《りつ》は刑法、令《りょう》は民法を意味します。ところが令はすぐに完成に至るのですが、刑法は、明治40年《1907年》に入ってドイツ刑法を参考にしながら作られるまで、1200年以上にわたって作られていません。

なぜ作られなかったのかというと、たとえば刑法第235条に「他人の財物を窃取した者は、窃盗の罪とし、十年以下の懲役又は五十万円以下の罰金に処する」とあります。ではこのとき「他人」とは何か、身内は他人なのか、近所の人や友人や恋人は他人なのか、同郷の人は他人なのか、同国人は他人なのか、あるいは財物とは何か、財《たから》にしているものが財物なのか、それとも、その人の所有物を言うのか、占有物の場合はどうなるのか等々、言葉の定義が非常にややこしいものになります。このことを駆使すれば、誰がどうみても泥棒なのに、それが正当化されてしまうことさえありうる。しかも法によって刑が決まるなら、法に書いていなければどんな非道を行っても、それは罪ではないということになってしまいます。また法に書いてあっても、官憲に見つからなければ、あるいは捕まりさえしなければ責任を問われることがない、という悪しき文化を生んでしまいます。もっとも理想とすべきは、誰もが悪いことをしない社会です。そうであるなら、社会道徳をこそ打ち立てるべきで、そのためには「責任は自分が感じ、自分がとる」という文化の形成が不可欠です。「誰も見ていなくてもお天道様が見ている」という文化は、そうした深い考えに基づいて意図して築かれた文化です。ですから我が国では、実際に官憲が動いて罪人に罰を与える場合は、その理由と刑罰裁定の意味を明確に記録に残し、後の参考にして刑罰に公平を期すということが、平安中期の権大納言の藤原《ふじわらの》公任《きんとう》によって完全に成立しています。

昨今では、連続強姦魔がなぜか不起訴処分になったり、捕《つか》まりさえしなければ、何をやっても良いとばかり、オレオレ詐欺のような事件や、人を殺してみたかったという、まったくもってわけのわからない理由による殺人事件などが頻発《ひんぱつ》しています。明治の刑法輸入は、我が国の文化よりも千年遅れた外国の文化を取り入れることで、我が国の文化を大きく退化させたものと言うことができるかもしれません。

第3章

DSとの戦い

一　ニクソン・ショックによる米国保証のペーパーマネー

▼ニクソン・ショック

南北戦争からソ連の成立までの黄金の流れを前章でご案内しました。その後、第二次世界大戦があり、米ソの冷戦が起こります。ただ、世界の黄金という意味においては、黄金の総量が全体として安定し、世界はその総量の奪い合いを行う形になっていたということができます。ひとつのピザ・パイをみんなで奪い合うという図式です。なかでも勝者となった米国とソ連は、互いに原爆を持つことで、戦争という手段が使えず、結果それが冷戦という構図になっていたわけです。

そうした戦後世界に、大衝撃を与えたのが、1971年のニクソン・ショックでした。これは別名「ドル・ショック」とも呼ばれ、世界に激震を走らせました。なんとアメリカ合衆国のニクソン大統領が、ドル紙幣と黄金の交換をやめると言い出したのです。それまでドルは、誰でも35ドル支払えば、黄金1オンスと交換できるとされていました。これを兌換《だかん》紙幣といいます。ニクソンは、その交換をやめると、世界に向けて宣言したのです。

それ以前の世界では、英国のポンドが黄金と交換できる唯一の通貨でした。これを基軸通貨と言います。先にも述べましたが、その国の税を払うことができるものが、その国の通貨です。その通貨で国際取引をしようとすれば、自国の通貨の値打ちを、何か他のもので保証してもらわなければなりません。以前は、大英帝国が七つの海を支配する世界最大の強国でしたから、英国ポンドが世界の基軸通貨でした。

第二次世界大戦で敗北寸前まで追い詰められた英国を救う代わりに、基軸通貨を米ドルに変えようということになったのが、第二次世界大戦のさなかである1944年のブレトンウッズ協定です。この協定によって、事実上、米ドルが世界の基軸通貨になりました。そして米国はその代わりとして、米ドルと黄金を定価で交換することを約束したのです。

▼最強の基軸通貨国

世界の基軸通貨国になるということは、世界最強の国家となることです。ある意味世界の支配者となることを意味します。そりゃそうです。なぜなら基軸通貨国は、自国の輪転機で紙を印刷するだけで、世界中のものを買い集めることができるからです。米国が基軸通貨国なら、ドル紙幣が世界中にバラまかれます。なかにはとんでもなく多額のドル紙幣を所持する国も現れます。当然です。それだけたくさんの品をその国から買ったからです。けれど、基軸通貨国なら、何の心配もありません。相手国の所持するドル紙幣が、ちょっと多いな、と思ったら、その国に米国債という名の紙切れを買わせるだけで、渡したドル紙幣が全部戻ってくるのです。その国が米国債を持っているからと大きな顔をするなら、その国と戦争を開始すればよいのです。そうすれば戦争当時国とは為替取引が禁じられますから、米国債はその瞬間に、ただの紙切れになります。つまり相手国は一瞬にして財産を失うわけですから、世界中、どこの国も米国相手に戦争ができなくなるわけです。

▼石油によるドルの価値の確保

ところが米国が起こした戦争が、逆に米国の首を締めることになってしまったのが、1965年に始まったベトナム戦争です。ベトナム戦争は、米ソ冷戦のいわば代理戦争のような形で起きた戦争です。南北に分かれたベトナムの、北をソ連が支援し、南を米国が支援しました。米国は、この戦争に勝つために、北ベトナムに対して、国中を焦土にするほどの爆弾を投下し続けました。これはものすごく費用がかかることです。このため米国は財政赤字が続き、結果として黄金の保有高をはるかに上回るドルを流通させてしまいます。ところがドルは、35ドル払えば黄金1オンスと交換できることになっているわけです。このままでは、黄金との交換ができず、破産しなければならないというところにまで追い詰められた米国は、ついに1971年、突然、「ドルと黄金の交換をやめる」と宣言した……これがニクソン・ショックです。

理屈でいえば、ドルが黄金との交換をやめても、ドルはこの時点で貿易決済をするための国際基軸通貨なのですから、ドルの価値が下がることはありません。ところがこの宣言の瞬間から、ドルの値打ちが急落しました。世界は、米国の思惑と異なり、黄金との交換が保証されているからドルを国際基軸通貨として認めていたのです。それができないとなれば、ドルはただの紙切れでしかないとみなしたのです。

この時点で、米国はすでに莫大な額の対外国債を発行していました。これは言い方を変えれば、外国から借金しているということです。その借金の返済は、それまでであれば、ドル紙幣を印刷するだけでまかなうことができました。なにしろ紙幣はただの紙切れです。いくらでも印刷できる。けれどもドルが暴落して信用を失えば、これまでのように、貿易決済に際してドルでの支払いができなくなります。ドル債の支払いも不能になります。

そこで米国が打った奇策が、ドルと石油を交換できるという便法です。これはモンゴル帝国が塩と交鈔を交換できるとしたことと同じです。

世界の石油を押さえていた米国は、米ドルでしか原油の購入代金の決済ができないというルールを作り、これによって、米ドルの値打ちを確保しました。おかげで米ドルの基軸通貨の地位はゆるがず、ドルの価値も保たれる結果となりました。

▼石油の真実

この1970年代当時、石油は有限資源であると考えられていました。そしてどの国も、石油が資源エネルギーの中核をなしていました。ですから石油はなければ困るし、その石油が有限資源となれば、高値であっても、どうしてもほしい。これはモンゴル帝国の塩が、大陸の内陸部において人が生存するに際しての不可欠の要素であることと同じです。

ところが、です。

その石油が、ほとんど無限に存在することがわかってしまったのです。

石油は、一昔前までは、2〜3億年前の古生代の動植物の化石が堆積《たいせき》して生まれたものと考えられていました。なるほど石炭は、そのようにして生まれています。石油も同じであれば、もちろん有限資源となります。ところがそうした化石としては考えられないような超深度から石油が出る。しかも石油は動植物の分布エリアとは異なる場所からも産出します。

実は石油は、石炭のような化石燃料ではなく、地球が誕生したときに地殻の内核にあった炭化水素が、地球内部の高圧で変質することで生まれたものであることが、近年の研究でわかってしまったのです。石油には、生物起源では説明できないヘリウム、ウラン、水銀、ガリウム、ゲルマニウムなどが含まれているし、石油の組成は、地球上のどこの地域でもおおむね同じなのです。これは生物由来では説明がつかないことです。つまり石油は、地球の内部に膨大な量が蓄積されているわけで、その量は、人類が石油を今以上にあと1億年つかい続けても枯渇《こかつ》することはないことが、わかってしまったのです。

人々が喉から手が出るほどに欲しがり、しかも有限資源であるから、黄金は通貨の担保になります。モンゴルの塩は、無限に生成できるものですから、モンゴル帝国はその塩を帝国の専売とすることで、通貨の価値を担保しました。米国の石油も、その意味ではモンゴルの塩と同じように米国が石油を完全に押さえることで、ドルの価値の担保となりました。ですから米国は、いまにも石油がなくなるぞと連呼することで、ようやく米ドルの価値を保ち続けてきました。

ところが、ここにまったく異なる考え方をする通貨が現れるのです。それが中共の人民元です。

二　ドルの信用で富を築いた中共

▼人民元の台頭

中共の発行する通貨は人民元です。その人民元は、米ドルとの交換ができません。そこで中共政府は、みずから必死になって黄金を貯め込みました。日本から大量の使用済み携帯電話やパソコンを仕入れて、莫大なコストをかけてまでそこから黄金を取り出していたのも、そのためです。

そんな中共が経済を急成長させるきっかけとなったのが、ニクソン訪中でした。これにより中共は、当時英国領であった香港の金融機関を通じて、人民元を香港ドルに交換、その香港ドルを米ドルと交換するという手順を踏むことで国際社会の交易に乗り出すことができるようになったのです。

それまでの人民元は、国際社会ではまったく通用しない通貨です。民間レベルでの貿易はありましたが、外国人が人民元を持っていても自国ではまったく使えないし、自国の通貨への両替もできない。一方チャイニーズたちが外国の通貨を持っていても、そのお金は自国内ではまったく通用しないというものでした。

ところが1972年にニクソンが訪中し、米ドルとの交換が《香港経由で間接的とはいえ》できることになりました。米ドルは国際基軸通貨ですから、米ドルとの交換は、人民元の国際交易社会デビューとなったわけです。すると中共政府は、外国企業の下請け工場を次々とチャイナに誘致するようになりました。日本も田中角栄総理が訪中して、日中国交正常化を図りました。

この結果、世界中からたくさんの企業がチャイナに進出しました。日本の企業も進出しました。広大な土地を持つチャイナでは大規模工場が造りやすいし、チャイナは人件費が先進諸国と比べてはるかに安い。加えて中共政府は、新たに工場建設を行った外国企業には、5

年間税を免除する等の特典を与えました。いつの時代でも、人々が欲しがっているものを安く大量に作ることができれば、大儲《おおもう》けすることができます。同様に、そのための大規模工場を建設すれば大儲けできます。このため、チャイナには、工場投資が次々と行われるようになりました。

チャイナ工場での生産は、用地代その他諸費用が安く上がり、かつ人件費が安い。当然、製品価格は安くなり、製造原価も安いですから、上代が安くても利幅が広い。ですから作れば作るだけ、売れれば売れるだけ企業は儲かりました。ところがその儲けを、チャイナから持ち出すことができなかったのです。

どういうことかというと、チャイナから輸出した製品の代金は、米ドルで決済されます。その米ドルは香港の金融機関で、香港ドルと交換され、それがさらに人民元と交換されることで、チャイナ国内の工場の労働者に賃金として支払われ、また工場の運転資金に回されます。しかしここで人民元でプールされた利益を、香港ドル、米ドル、自国通貨に交換しようとすると、中共政府から「待った」をかけられるのです。ときには工場設備に疑義があるとして工場の生産ラインを強制的にストップさせられました。

すると何が起こるかというと、世界中から投資されたおカネが、チャイナ国内にプールされます。つまりそれだけチャイナが豊かになったのです。もっとも豊かになるのは、チャイナ共産党の幹部のフトコロだけですが。

他にも、チャイナへの不動産投資というものがありました。チャイナで1億円をかけてマンションを建てます。これが2億円で売れると、まるまる1億円の儲けです。そこで今度は、元手の1億と儲けの1億を併せて2億円のマンションを建てます。するとそれが4億円で売れる。今度は2億の儲けです。そこでもっと儲けようと、売れた4億円を元手にマンションを建てます。今度は8億円で売れて、まるっと4億円が儲かるという寸法です。

ところが、次に8億円を元手に豪華マンションの建設を始めると、いきなり中共政府から「待った」をかけられました。建築中の建物が違法だというのです。建物が完成すれば利益を生みますが、未完成の状態で据え置かれれば、投資は全部パアになります。結果何が起こるかというと、中共政府の幹部のフトコロには、雪だるまのように肥え太った8億円がまるまる入ります。一方、投資していた外国企業は、初期に国内から持ち出した1億円が、まるまる損金となります。これで倒産に追い込まれた日本企業他、海外の企業は数しれず……でした。

▼中共の金儲け

問題はここからです。中共幹部は、儲けた8億円を香港の金融機関でドルと交換するのですが、ここにマジックがあったのです。

米ドルと香港ドルは、国際為替を行う金融機関で、常に総量がしっかりと管理されています。発行した通貨量と、回収した通貨量はリアルタイムで情報交換され、これによって取引の安定が図られているのです。たとえば、1ドルが100円だったとして、もし円紙幣が2倍発行されれば《あたりまえのことですが》、交換レートは1ドル＝200円になります。

ところが香港ドルと交換できる人民元は、どれだけの量が発行されているのか、公開されていないのです。つまり、たとえば1ドル＝1元という相場が立ったならば、裏でどれだけ人民元札が印刷されても、情報が公開されていないのですから、国際金融は知らずに1ドル＝1元のままで両替するしかないのです。

すると、為替が固定されたままなので、人民元を印刷すればするほど、ドルを手に入れることができるようになります。こうして中共幹部は大金持ちとなり、ついには皆様よくご存じの爆買いをするようになるわけです。

チャイナにおける中共幹部は、短期間に巨額の資産を形成しました。なにしろ大物幹部ともなれば、息子名義でスイスの銀行に隠し持った現金だけでも、12兆円という多額です。1兆円という金額は、毎日100万円ずつお小遣いを使い続けても、全部使い切るまでに、2738年以上かかります。電卓を叩いて計算したらわかります。すごい金額なのです。それが個人で、しかも息子名義のスイスの隠し口座分だけで12兆円です。どれだけ荒稼ぎしたのか、ということです。

こうなると、もっと欲しくなるのがお金です。チャイナは世界の先進国にスパイを送り込み、技術を盗み出して、自国でそれを安価に製品化しました。なにしろ先進諸国ではひとつ10万円する製品が、チャイナ製だと2万円以下で買えるのです。売れて当然です。露骨なこうした行為は、当然世界中から非難を浴びることになるはずですが、そこが彼らのうまいところで、各国のメディアや芸能産業などに、盛んにおカネを出して、中共が良い国であるという宣伝を行いました。なにしろ人民元を印刷しさえすれば、いくらでもドルと交換できるのです。買収資金に何の苦労もありません。

たとえば映画産業の場合、映画作りで、何がたいへんといって、映画作りのための資金づくりが実はいちばん大変です。その資金を、チャイニーズが実に気持ちよく出してくれる。ただし、条件として、チャイナの悪口を言わない、チャイナの美しい風景などを映画に織り込む、チャイナの美人俳優を起用するなどなどです。

実は日本がバブル景気だった頃、日本企業がハリウッドの映画産業にずいぶんと出資しました。日本は、良い映画を作ってくれて、それがヒットしてくれれば、投資のリターンがありますから、それだけで満足していましたし、だから映画作りに、いろいろと注文をつけるようなことはしませんでした。実に健全な投資だったわけです。ところが当時、「ハリウッドはアメリカの精神だ。そのハリウッドを日本に売り渡すな！」と、ものすごい反日運動が、全米で盛り上がりました。日本企業は、文句を言われてまで映画作りにおカネを出す必要はないので、次々とハリウッドから撤退し、気がつけば日本のバブル景気がはじけて、そもそも投資できるだけの企業のゆとりもなくなってしまいました。その間隙に、入り込んだのが、中共の映画投資だったわけです。いまにしてみれば、あの反日運動も、どこが元締めだったのかがわかろうというものです。

▼謎の錬金術

それにしても中共の行ったことは、誰がどう見ても不公正な現代版錬金術です。けれどこうして世界第2位の経済大国となった中共は、今度は、いまさら紙を印刷するのさえ面倒とばかり、貨幣をデジタル化した、デジタル人民元で、世界の通貨市場を制覇しようとしています。デジタルマネーは、紙の通貨と違って、誰がいつどこでどんな物を買ったのか、どんなサービスを受けたのかといった情報が、マネーとセットになります。これによって世界中の人々は、完全に監視下に置かれることになります。その監視が、人々が豊かに安全に安心して暮らせる社会を目指すものなら、それは新しい未来の創造として歓迎すべきことです。しかし、特定個人や、一定の地位を持つ人たちのためだけの民衆の監視であるなら、それは想像を絶する恐怖社会となります。世界はいま、そんな中共をいかに抑えるかに向けて動き始めています。そして中共は、そんな抑えを覆《くつがえ》そうと、いまあらゆる工作活動を展開しています。

三　中共の国柄

▼戦争というビジネス

人は多かれ少なかれ、自分の利益のために周囲に犠牲を強いてしまうものですが、しかし程度の問題があります。残忍な強盗強姦傷害致死犯も、コンビニの万引犯も、犯罪という意味では同じですが、その罪の重さには雲泥《うんでい》の差があります。

大東亜戦争が始まるすこし前のことです。1938年に米国に「日本の侵略に加担しないアメリカ委員会」という組織ができあがりました。そこには全米に影響力のある数々のVIPや、現職の大統領も参加していました。そしてこの組織は、『日本の戦争犯罪に加担しているアメリカ』という80ページのブックレットを発行しました。

このブックレットは6万部印刷され、全米の有力者にバラまかれました。圧倒的多数のアメリカ人も、議会の圧倒的多数の議員も皆親日的だった中、ルーズベルト大統領は、このブックレットを世論だとして、日本への経済封鎖に踏み切りました。こうしてほとんどの米国人が日本との開戦など望んでいなかったのに、日米は戦争になりました。

いまでは、こうした委員会の組織や、ブックレットの配布などが、当時のチャイナを取り仕切っていた蒋介石によって世間の裏で、まさに陰謀として行われていたことが明らかになっています。目的は、米国やヨーロッパ諸国から、チャイナ国民党への援助金を引き出すためです。蒋介石は、こうした政治工作によって、米英仏露独から、いまの貨幣価値にしたら、数百兆円の資金と軍事物資を得ていました。要するに当時の蒋介石は、戦争ビジネスによって大儲けをしていたのであり、真面目な日本人や、真面目な米国人が、そして普通に生きようとしている多くのチャイナ人たちが、彼の金儲けのために殺し合いをさせられました。支那事変《1937〜1945》において、蒋介石率いる国民党軍は、日本軍に負け続けました。そんな負け続けていた蒋介石は、ではなぜいつまでも日本に抵抗し続けることができたのでしょうか。このことを考えるために、少し時代をさかのぼりたいと思います。

▼義和団事件

1900年のことです。チャイナで義和団事件という大掛かりな戦闘がありました。義和団というのは、チャイナの山東半島のあたりに生まれた民間の戦闘集団です。当時山東半島のあたり一帯はドイツが利権を得ていたのですが、そのドイツは、地域の人たちにキリスト教を布教するために、山東半島のあちこちに教会を建てていました。そのうちのひとつの教会は、たまたまあるご婦人の土地だった場所に建てられていたのですが、これを不服としたそのご婦人は、近くにある神拳という拳法道場に教会の排除を求めました。道場主は、意気に感じて道場の生徒たちとともに教会に殴り込みをかけ、教会の宣教師とその家族を撲殺し、教会に火を放ちました。

このことが評判を呼んで、次々と教会排除の依頼が道場に舞い込み、山東半島内の教会が襲われ、都度、神拳道場生を中心とした暴徒の一団は人数を増やして行きました。暴徒の一味は、仕事をしないで乱暴ばかりを働くのですから収入がありません。そんな無収入の暴徒の一味を食わせるのは、チャイナでは古来、大将の役割です。

すこし脱線しますと、大昔から皇帝や大王は、将軍に、たとえば「十万の兵を用いてどこそこを攻めよ」と命令します。皇帝や大王がすることは命令だけで、実際にはその兵力は将軍が自分で集め、またその兵たちに兵站《へいたん》、つまり糧食を与えるのも、将軍の役目でした。ところが日本なら、日本中どこの土地でも農業が行われていますから、兵糧米の調達に困ることはないのですが、チャイナは砂漠ばかりです。そんな砂漠で十万の兵を食べさせなければならないわけです。そこでどうするかというと、村人を捕まえてきて、みんなで食べる。村や民家がないところならば、兵の中でおいしそうで肉付きの良い者を殺してみんなで食べました。魏の曹操は80万の大軍を魏の都の洛陽から、現在の湖北省咸寧市赤壁市のあたりの赤壁《レッドクリフ》まで、およそ７００キロの道のりを、およそ1ヶ月かけて移動させていますが、そのためには1日2食とすれば、およそ５０００万食分の輜重隊《しちょうたい》を連れていかなければなりません。曹操には、そのような輜重隊はないし、そうであれば何もない原野を兵たちが何を食べて移動していたのかは推して知るべしです。

話を戻しますが、膨れ上がった暴徒たちを食べさせるために、このとき行われたのが、教会の宣教師やその家族を「いただく」ということでした。こうして暴徒の一味は、周囲のチャイニーズたちから収奪をすることなく、ドイツ人宣教師たちを消すことに成功したわけです。そして戦う集団でありながら、周囲のチャイニーズからの収奪をしないということで、彼らに付いた名前が義和団でした。義理に厚い人々が集まった《和》団体、というわけです。

▼北京入り

チャイナは白髪三千丈の国です。神拳というたいそうな名前の付いた道場を中核とするそんな義和団は、いつしか「義和団の神拳を学べば、鋼鉄と化した肉体は銃剣で突かれても死なないし、ドイツ軍の銃弾をも跳ね返す」と言われるようになりました。実際には、襲っているのは非武装の教会だけです。けれど噂は噂を呼び、義和団の人数は日増しに増えて行きました。

このような状況に、ドイツ側もいつまでも黙っているわけにはいきません。ドイツが治安維持のために正規軍を投入すると、銃弾を跳ね返す肉体もさぞかし痛かったのでしょう。あっという間に義和団は鎮圧されて、首謀者一味は山東省から追放されてしまいました。

ところが、その時点で義和団の噂はチャイナ全土に広がっていました。追放された義和団のもとには、チャイナ全土から若者が集まり、なんとその数、20万人という規模に膨れ上がってしまったのです。

しかしこうなると、その20万の若者たちをどのようにして食わせるかが問題になります。チャイニーズを食べないから義和団なのです。しかし綺麗事では兵を養うことができない。

そこで義和団が行ったのが、北京の皇帝のもとに行き、西太后に会って彼らを正規軍に加えてもらうということでした。そんな彼らに西太后は、北京にある外国人特区にいる英米仏露独伊オーストリアハンガリー帝国および日本の外国人たちを追い払うように求めます。こうして婦女を含めてわずか4000人しかいない北京の外国人特区に、義和団20万、清国正規軍のほぼ同数が襲いかかります。

このとき、外国人特区にいた日本の軍人の柴五郎大佐率いる少数部隊が、八面六臂《はちめんろっぴ》の大活躍をして、英国大使夫人らを護ったことが、後に日英同盟に結びつくのですが、義和団を退けた8カ国は、このあと清国政府に、およそ4億5000万両という多額の賠償を求め、また自国軍の清国内常駐を認めさせます。これを取り決めた条約書が「北京議定書」で、1901年のことです。

▼スペイン風邪

こうして清国には、各国の軍隊が常駐して、清国内の治安を護ることになったのですが、これに変化を起こしたのが1918年から1919年にかけて全世界で大流行したスペイン風邪です。スペイン風邪という名称は、たまたまスペインの国王のアルフォンソ13世が罹患《りかん》して話題になったことから付いた名称で、病原体の発祥はチャイナとされます。

風邪は猛威をふるい、当時の世界の人口は18億人程度だったのですが、なんとそのうちの5億人以上が感染し、死者は1億人を超えていたと推定されています。世界の人口の3分の1が感染し、そのうちの5人に1人が亡くなったのです。

とりわけスペイン風邪が猛威を振るったチャイナでは、各国の軍隊の兵たちが次々と罹患。このままでは駐屯する軍隊が壊滅しかねないということで、駐留8カ国のうち、日本を除く残り7カ国が、「あとは日本、よろしくタノム」とばかり、それぞれの国に軍を引き揚げてしまいました。幸か不幸か、日本の軍隊の罹患者が他の諸国と比べて圧倒的に少なかったことも一因でしたが、この結果、日本軍だけが外国の軍隊としてチャイナに残って治安維持活動に従事することになったわけです。あとに残った日本軍は、風土病の渦巻くチャイナで、本当に辛抱強く民衆の平和で豊かな暮らしを実現しようとしました。

日本から10億本以上の苗木をチャイナに運んで、「彼らの心が貧しいのは、国土に緑がないからだ。だから自分たちで植林をして、緑のうるおいを彼らに与えようではないか」と、軍をあげてチャイナへの植林事業を展開したりもしています。

ちょうどこの時期、チャイナではソ連のコミンテルンの工作が盛んに行われ、チャイナ共産党が国中を荒らす状況になっていました。共産主義革命のために、ブルジョアを一掃すると称して、殺人や強盗を繰り返していたのです。そしてこれに対しては蒋介石が率いる国民党軍が対策に当たっていました。国民党のやり方は徹底していて、共産党員とみるや、すぐに逮捕して殺すということを繰り返していました。そうした時代背景下にあって、日本の東京高等師範学校で学んだ田漢《でんかん》も共産主義に傾倒したひとりでしたが、彼は「起来！　不願做奴隷的人們！（起て、奴隷になることを願わぬ人々よ）」というフレーズで有名な中華人民共和国国歌となる「義勇軍進行曲」の歌詞を書き、また同じく作曲家の聶耳《じょうじ》は日本亡命中にこの曲のメロディーを書いています。

蒋介石の国民党軍によるチャイナ共産党員狩りは成果をあげ、ついにあと一歩で共産党を完全壊滅できる、というところまで行ったときに起きたのが西安事件《１９３６年》です。この事件は、共産党軍討伐のために南京から西安までやってきた蒋介石を、張学良麾《き》下《か》の東北軍と楊虎城の十七路軍が監禁して、国共内戦の停止と挙国一致による抗日を要求した事件として知られていますが、問題はその理由です。

そもそも蒋介石の国民党が、なぜ軍となって大量の武器弾薬や、兵の食料、そして軍の維持費を捻出できたのかというと、スペイン風邪でチャイナを去っている間に、日本の軍が、チャイナの治安を好転させ、チャイナの民衆からたいへんに感謝されるという状況になっていたからです。こうなると、欧米7カ国は、それまでに築いたチャイナでの利権を、いまさら復活させることが難しい。そこでチャイナ内部の治安を悪化させ、日本が築いた社会の安定を根こそぎひっくり返す必要が生まれ、その実行部隊を自任した蒋介石に、それら諸国が武器や資金を出していたのです。

ところが共産党が壊滅してしまうと、欧米諸国にとって、蒋介石はもはや用済みです。そこで西安事件によって、国民党と共産党が互いに手を握り、今度はチャイナにいる日本軍を敵として戦うことにするのです。要するに欧米諸国が帰って来やすいように、日本軍を随所で叩くから、引き続き武器や資金をくださいな、というわけです。

▼欧米諸国による武器や資金の援助

ではどのくらいの武器や金額が米英仏ソから蒋介石に渡されていたのでしょうか。公開された資料によれば、それは次のとおりです。

《英国》
1939年に1000万ポンド（いまのお金で2500億円）
1940年に1000万ポンド（いまのお金で2500億円）を蒋介石に貸与《たいよ》

《フランス》
1938年に1億5000万フラン（いまのお金で1500億円）を貸与
1939年に9600万フラン（1000億円）を蒋介石に無償援助。

《ソ連》
1937年に航空機900、戦車200、トラック1500、銃15万、砲弾12万発、銃弾6000万発を蒋介石に提供し、
1939年には1億5000万ドルを援助（いまのお金で6400億円）し、
さらにソ連空軍が密かに参戦。

《米国》
1927〜41年に4億2000万ドル（およそ4兆円）を無償援助、
1940年に50機の新鋭戦闘機、装備、武器、弾丸150万発を援助、
1941年に100機の戦闘機を援助、259名の米空軍パイロットを義勇兵の名目で中国空軍に参戦（フライング・タイガース）させ、さらにトラック300台と5000万ドル分の軍事物資を供与して、米軍事顧問団を派遣、また、500機のB－17爆撃機を援助。

▼情報戦・宣伝戦

このことを蒋介石の側から見ると、蒋介石自身は、ただ音頭をとっているだけで、実際に命を散らせて戦うのは、チャイナの普通の民衆です。普通の民衆に武器を突きつけて、無理やり兵隊に仕立てあげて、日本軍と戦わせる。そうすることで、蒋介石自身は、安全な場所にいながらにして、いまのお金に換算すれば数兆円規模のお金と武器が、天から降ってきたのです。

戦って死ぬのは、蒋介石が食わせているチャイナの民衆であって、蒋介石自身ではありま

せん。つまり自分は決して殺されないところにあって、部下たちが死ねば、笑いが止まらないほどのお金が、ますます天から降ってくるのです。

これをお読みのみなさんは日本人ですし、部下を見殺しにするなどということは断じてできない方々でしょうけれど、世の中には、自分の贅沢と金儲けのために、周囲の人がどれだけ死んでも、よそ様にどれだけ迷惑をかけても、一向に意に介しない人というのはいるものです。

さらに蒋介石は、外国からもっとお金を得るために、チャイナを日本による一方的な被害者に見せかけようと、さかんに宣伝工作をしました。これは、いまの大企業が莫大なお金をかけて、テレビCMを流すのと同じことです。宣伝ですから、事実はどうでも良い。諸外国の同情と支援を、より多く受けるためのイメージがあれば良いのです。

ですから自分たちで故意にひどいことをしておいて、それを「日本にやられた」と宣伝しました。捏造《ねつぞう》してでも、諸外国の同情を買えば良いのです。そうすれば蒋介石は大金を得ることができたのです。

さらに蒋介石は、お金をくれそうな外国に大量のスパイを送り込んで、工作活動も展開しました。ヨーロッパでは、紫禁城から大量の宝物を持ち逃げした張学良が、宝物と連れて行ったチャイナ・レディたちを使って盛んに工作活動を展開しました。米国では、英語に堪能な蒋介石の妻の宋美齢《そうびれい》の姉の宋靄齢《あいれい》と宋慶齢《けいれい》らが、やはりチャイナの美女軍団を率いて米国のメディア工作、政治工作を行いました。

この工作の成果はすぐに出ました。米国で1938年7月、つまり南京事件の翌年に、「日本の侵略に加担しないアメリカ委員会」を発足させることができたのです。

この団体には、当時の米国の主だったマスコミの経営主がこぞって参加しています。その経営主個人に対して、宋姉妹は莫大な経済的支援をしただけでなく、高齢の男性オーナーたちにチャイニーズの若い女性たちを提供したのです。女性たちは、言うことを聞いて米国要人と夜をともにすれば、あらゆる贅沢が与えられました。拒否すれば、与えられるのは死です。

要するに支那事変は、蒋介石にとって「商売《ビジネス》」だったのです。ビジネスですから、そこに論理性も倫理性も客観的妥当性も普遍的正当性もありません。ただ儲かれば良いのです。

自分が儲けるためならば、自国民が何人死のうがおかまいなしだし、それによって国土が灰燼に帰そうが、黄河を決壊させて自国民が100万人死のうが、それによって日本がどれだけ迷惑を被ろうが、後の世にどれだけの負担がかかろうが、まったく関係ないのです。

ただその瞬間に儲かれば良いのです。このマインドは現代中共も同じです。

四　チベットはなぜ侵略されたか

▼ソ連からの借款をいかに返すか

以前にも書きましたが、世界には、第二次世界大戦以降に消滅した国が105カ国もあります。そのうちのひとつがチベットです。

チベットはチャイナの西奥に広大な領土を持つ人口600万人の仏教国でした。チャイナに清国があった時代、清の皇帝はチベットを仏教国として敬いました。チベットは清朝の冊封国ではあったけれど、清の領土ではなく、かつ、清の皇帝から尊敬を得た独立国家だったのです。

そのチベットは、国民の1割が僧侶という、平和で争いのない国でした。そこに、大東亜戦争が終結した4年後の1949年に、建国したての中国共産党の人民解放軍が押し寄せました。このときの中共政府の言い分は、「我が国の領土を確定する」という、実に身勝手なものです。しかし本音はもっと生臭いものです。

チベットを襲った中国共産党は、蒋介石率いる中国国民党を武力によって倒した政権です。なぜ国民党を倒すことができたかといえば、ソ連から武力装備の援助を受けたからです。ソ連が援助した中身は、旧日本軍から取り上げた装備です。他人のものだから、無償で提供してもソ連は、自分の国のフトコロが痛むわけではなかったのです。

おかげで崩壊寸前にあった中国共産党は、一気に勢力を盛り返して、中国国民党を打ち破ることができました。

ところがこれには、大きな「お釣り」があったのです。というのは、中国共産党が、「ソ連の援助を受けて建国」すれば、建国後にはソ連の属国にならなければならないのです。つまり中国共産党は、「中国を領土として確定」した瞬間に、その領土をソ連に捧げなければならなくなります。なぜなら、ソ連はただ善意で中国共産党を助けたわけではないからです。ソ連から武器の供給を受けて戦った中国共産党は、ソ連から提供された武器その他の代金を払わなければ、そのままソ連に飲み込まれ、独立国ではなくなるのです。それを防ぐためには、ソ連に支払いをしなければなりません。

ここで中国という国の国情を、もう一度振り返ってみます。中国は、清王朝にせよ、中国国民党にせよ、中国共産党にせよ、単一の政権が国土を牛耳っている国民国家ではありません。中国には大きく分けて7つの軍閥があり、それらの軍閥の下には、さらに無数の軍閥が複雑な階層を形成している、中国は古来、そういう国です。

これはたとえていえば、日本という国の中に、山口組や稲川会、住吉会、会津小鉄会、共政会など、いま24の全国指定広域暴力団がありますが、その暴力団には、さらにその下部に無数の中小規模の暴力団があり、そして日本国政府なるものが「暴力団の上に乗っかっている」そんな状況といえます。（あくまでも例《たとえ》です。）

▼富を得る簡易な方法

中国国民党の総裁である蒋介石は、その中国の軍閥のひとつです。ですから蒋介石軍閥が、他の軍閥に協力を要請する（あるいは支配する）ためには、常にそれぞれの軍閥へのそれなりの見返りが必要になります。これは、中国共産党にしても同じことです。

蒋介石本人は、ただの貧乏書生だった人ですが、宋美齢と結婚した人です。妻の宋美齢の実家の宋家は、中国を代表する大金持ちです。ですから蒋介石は、資金面の不自由なく、またソ連からカネをもらう必要もなく、独自の軍閥を組織できました。

ただ、自分のいるエリアだけを支配するのではなく、中国を統一して日本と戦う《支那事変》には、他の軍閥の協力が不可欠です。そしてそのためには、巨額の富が必要となります。

そこで蒋介石は、「中国の伝統的な方法」で、この富を手に入れました。それが、清王朝の居城である紫禁城への攻撃です。

紫禁城には、清王朝が世界から集めた値段の付けられないほどの高価な財宝の数々がありました。蒋介石はこれを奪いました。紫禁城での収奪は徹底していました。清国最後の皇帝である愛新覚羅溥儀には、英国人家庭教師から送られた自転車1台と、いま着ている1枚の服と、カビ臭い古びた玉座以外、何も残さなかったのです。紫禁城内にあるあらゆるモノ……緞帳《だんちょう》に使われていた布から、台所の調理器具に至るまで、それらは全部奪い取られたのです。

そして蒋介石は、その奪いとった財宝や家具や調度品や衣類の数々を、まるごと他の軍閥への報酬（買収資金）として使いました。それだけではなく、対日戦線のための欧米での宣伝工作資金にもしました。

所詮は、奪いとっただけの他人の財産です。自分のフトコロが痛むわけではない。財宝は、

（蒋介石にとって）効果的に活用されたわけです。他人のフンドシでスモウをとるとは、よく言ったものです。「酷いことをする」と思われるかもしれません。けれどこれは、中国の歴代の王朝が王朝の交代劇の都度繰り返してきた、中国では伝統的なやり方です。それどころか、ひとつの軍閥が、皇帝の財産を奪ったとなれば、むしろ積極的に他の軍閥はその分け前に与ろうとしてきた。そのために殺戮《さつりく》さえも厭《いと》わないという、欲望と殺戮の歴史が、中国の歴史です。

これは、庶民生活でも同じです。むかし西洋の船が中国の港につくと、その船の周囲に中国の船上生活者たちが集まってきました。彼らが何をしに集まったかというと、理由は2つあります。

ひとつは、竹竿を使って外国船の窓に竿の先をひっかけ、子供にその竿を伝わらせて船内のものを盗むためです。

もうひとつは、船の排水口から流れてくる残飯を、網ですくって食べるためです。ひとつの船が、うまく残飯をすくうと、子供達がその残飯に群がります。それだけでなく、近くの船が近づいてきて、盛大な食べ物の奪い合いと殺し合いが起こります。ですから、当時の外国船は、放水してそれらの中国船を追い払いました。貧しいがゆえ、と思われるかもしれませんが、それら中国の船上生活者というのは、船を所有することができているだけ、中国では裕福な層だったのです。

そこに富があれば、食い物があれば、とにかく奪って、自分のものにする。そして富や食い物をわけることができる人は、大人《だいじん》とされてきたのです。

▼チベットに眠る富

さて、大東亜戦争の終結後、蒋介石は毛沢東率いる中国共産党に追われました。追われた蒋介石は、この時点で、すでに紫禁城から奪い取った財宝の多くを消費してしまっていました。中国共産党は、ソ連から借りたカネを払うにも、国内の他の軍閥を調略するためにも、必要なカネや財物を、すでに蒋介石から奪うことができない状況になっていたのです。

そこで中国共産党が目を付けたのが、中国と陸続きにある古い国であるチベットでした。チベットは、もともとは「吐蕃《とばん》」と呼ばれていましたが、成立したのは7世紀にさかのぼります。そしてダライ・ラマが国を統括するようになってから教えても、この時点ですでに300年が経過しています。そのチベットには数々の寺院があり、値段の付けられないほど高価な仏像があり、古い経典があります。

すでに国内の清王朝の居城である紫禁城は財宝が奪われて空《から》、それ以外の各地の城塞都市も、すでに国民党に荒らされて、城内の財宝は空です。そしてこの時点で、もっとも豊かな財宝を所持していたのが、チベットでした。

つまり、冒頭に申し上げた、中国共産党が「我が国の領土を確定する」というのは、文字通りそのままの意味なのです。少し言葉を足すならば、「中国共産党が、自分たちがしたソ連からの借金を返して、ソ連の国土への侵略と政治介入の脅威から自分たちを護り、また中国全土の軍閥を味方につけるのに必要な支払いの原資となる財宝を、チベットから奪うこと」。これが、中国共産党の「我が国の領土として確定する」という言葉の意味です。

中国共産党は、その後、1979年にも中越戦争を起こして一方的にベトナムに攻め込んでいますが、これまた1977年まで続いた中国国内の文化大革命によって、停滞した国内経済を立て直し、軍閥の共産党離れを防ぐために、ベトナムの財を奪いに行ったという側面を否定できません。

わかりやすく言うと、中国という国は、軍閥という名前の全国指定広域「暴力団」が地域を牛耳り、その暴力団の上に「政府」が乗っていて、その政府は、常に軍閥たちにカネや財をバラまいて彼らを豊かにしなければならない国なのです。秦の始皇帝の昔から、唐、宋、明、清、国民党、中共と名前が変わっても、その実情はかわりません。そして、政治の支配力が弱まるというのは、政府が国内にある軍閥にカネを渡せなくなること。つまり政府が存続するためには、周辺にある豊かな国に軍事攻撃を仕掛けて、その国の財を奪わなければならなくなる、というのが、中国という国なのです。

中共の「人民解放軍」がやってきたとき、仏教国であるチベットは、国防兵力を持っていませんでした。仏教の聖地であるチベットに、軍は何百年もの間、必要がなかったのです。そこに押し込みを働いた中共の人民解放軍は、チベットで11万人の僧侶を拷問して殺害し、150万人の国民を虐殺しました。なんと、信じられないことに、全人口の4分の1を虐殺してしまったのです。

人口の4分の1というのは、日本で言ったらちょうど就労者の人口がこれにあたります。日本では、総人口1億2千万人のうち、ちょうど4分の1にあたる4千万人が就労者です。ということはつまり、毎朝通勤電車に揺られたり、早朝の通勤渋滞を招いている人たち全員が殺されたようなものです。

中共政府に抵抗するものは、こうして全部殺害され、古い歴史を持つ仏教寺院は破壊され、焼き尽くされ、若い女は集団で強姦され、そして中国共産党はチベットの財宝を手に入れ、中国国内の軍閥を抑えることに成功しました。そして人口450万に減ったチベットに、中共政府はなんと700万人ものチャイニーズを移住させ、1965年には、「民主的な方法」をもって、チベットを西蔵自治区という中共の版図に加えてしまったのです。

▼パンダ外交

パンダといえば、おそらく多くの日本人が、「中国生まれの可愛い動物」と思っているでしょう。けれど、パンダは、もともとはチベット固有の生き物です。国を奪い取られたチベットにいたパンダを、中共政府は「元々中国のもので〜す」とばかり、中国外交の切り札として使っています。

それだけではありません。中共政府は、チベット人たちに、チベット語を話すことを禁じ、公文書や公用語、テレビやラジオの放送まで、全部、北京語にすることを強制しています。チベット語しかわからないもともとのチベット人達にとって、これではいきなり外国での生活を余儀なくされたも同然です。

チベットへの圧政は、いまも続いています。だから、チベットの伝統や文化を護ろうとする若い人達が、フリーチベット運動を行い、自らの命を犠牲にしてまでも中共政府に抗議し、その抗議の声を世界に向けて発信しようとして、自殺を禁じられた仏教徒であるチベット人の若い女性が焼身自殺までしているのです。

そしてその後の中共は、路線を経済政策に転換しました。宣伝工作によって外国から民間投資を招き入れ、その投資資金で経済を活性化してきました。年間2桁の経済成長は、軍閥のフトコロを肥やし、彼らの軍備を強固にしました。

ところがその中国の経済成長が止まったのです。そうなると、軍閥にとって、中共政権は、もはや邪魔者でしかなくなります。中共政権は、生き残るためにどうしたらよいのでしょうか。

数年間は、粉飾決算でなんとか誤魔化してきました。東シナ海、南シナ海の海洋資源を手に入れようともしてきました。アフリカでは世界的に禁止されている象牙の採取を大々的に行い、ジェット旅客機に高価な象牙を満載して軍閥に配りました。他国の領海である小笠原にある紅珊瑚を乱獲して、高価な珊瑚の装飾品に仕立てて軍閥に配ってごきげんをとりました。

けれど、そんな中共の国内工作も、もはや先が見えるようになってきました。そして、こうした状況に至った時、中国の歴史で毎度起きたのは「富を持ったところを襲って富を奪う」ことです。中国では、その歴史が繰り返されてきたのです。

いま、中国の近くにあって、もっとも富んだ国や民族は、どこでしょうか。そして米国とともに、日本が安全保障を強化しようとしたときに、もっとも反対したのは、どこの国だったでしょうか。

工作活動の対象は日本だけではありません。米国も英国もドイツもフランスもすべて工作対象です。そしてそんな中国が、お金でお金をつくる方法を開発しました。それが金融為替を用いた錬金術でした。

こらむ　海の文明、陸の文明

▼滅亡したインカ文明

インカ帝国といえば、南アメリカのペルーのあたりにあった一大文明国です。最盛期には80の民族と1600万人の人口をかかえていたと言われています。巨大な石の建築物があり、カミソリの刃も通さないほど精巧に重ねられた石の加工技術、黄金の仮面、水晶のドクロ、土器や織物、謎の高原都市などなど、インカの遺跡は、ものすごく高度な統治システムと、進化した技術に彩られています。ところが、それだけの巨大文明でありながら、いまでは、その歴史、伝統、文化の一切は失われています。遺跡も、いまではただの「謎」です。

安全保障をないがしろにしたら、数千年続いた文明であっても、こういうことになるのです。国会で安全保障にケチをつけている議員さんたちは、日本をそんな国にしたいのでしょうか。だとしたら、国会は私達庶民の命をないがしろにするテロリストであり、日本国民の敵です。

インカ文明のおおもとにあたるアンデス文明は、７５００年前ごろまでに始まったとされています。７５００年前といえば、日本では鹿児島沖でカルデラ大爆発が起こり、遠洋漁業が始まった頃です。遠洋漁業の開始はその頃から突然釣り針が大型になっていることで確認できます。

アンデス文明を形成したインカの人々というのは、男性の身長が平均1メートル57センチ、女性が1メートル45センチくらいで、遺伝子的にはモンゴロイドであったことが人骨から確認できます。

いまから1万8千年ほど前に、地球の気温が急速に低下したとき、（北極圏、南極圏の氷が発達。年間平均気温でマイナス8度くらいだった）これにより、海面がいまより１４０メートルほど下がり、シベリア、アリューシャン列島、樺太、北海道、本州などがみんな陸続きになったと言われています。

このとき、バイカル湖のあたりにいたモンゴロイドが、一部は、中央アジアへ、一部が太平洋を南下して日本へ、一部がアラスカを経由して北米へと流れ、長い時間をかけて、南米にまで南下した、というのが通説です。ところが南米のエクアドルあたりでは、日本の縄文式土器が発掘されてもいるわけです。そうなると、陸路ルートだけではなく、海洋ルートも考えに入れなければおかしなことになります。

また、陸路についても、「バイカル湖あたりにいたモンゴロイドが北米→南米へと移動した」ことを証明するものは何もありません。モンゴロイドがアジアから北米→南米へと移動したことは、人骨の特徴などで確認できるのですが、その出発点がどこであったかについては、確認がとれていません。

▼モンゴロイドという呼称

そもそもモンゴロイドという呼称は、18世紀のドイツの人類学者のヨハン・フリードリヒ・ブルーメンバッハ（Johann Friedrich Blumenbach）が考案したものです。彼はコーカサス（黒海とカスピ海にはさまれた平原）出身の白い肌を持つコーカソイド（白人種）が、最も美しくてすべての人類の基本形であるとしました。そして他の人種はコーカソイドが「退化した」ヒトモドキにすぎないとし、なかでもモンゴロイドは、13世紀にモンゴルの大軍がモンゴル平原からヨーロッパに攻め込んできたから、モンゴルのゴビ砂漠のあたりを根城にする人々という意味でネーミングしています。つまりモンゴロイドという呼称は、人類の始祖とか万年の昔とは何の関係もない、きわめて誤解を生みやすい危険な呼び方です。

最近のＤＮＡの研究では、ネイティブ・アメリカンのＤＮＡとアイヌのＤＮＡとに濃い血縁関係があることが判明しています。つまり大陸と陸続きであった頃の日本列島は、ユーラシア大陸の東のはずれであり、そこから沿岸沿いに、北米→南米へと人が移住していったという可能性のほうが合理的です。なぜなら人が移動するには、移動途中の食料確保が不可欠で、そのためには海の幸を容易に入手できる沿岸沿いの方が、太古の昔の人々の移動には適しているといえるからです。

▼海の文明、陸の文明

「陸の文明、海の文明」という言葉がありますが、両者はおおいに異なります。

陸の文明では、権力者が民衆を支配します。

海の文明では、権力者が民衆を支配しようとすると、民衆は船に乗ってどこかに行ってしまいます。

また、陸の文明は、山や川や砂漠などにさえぎられて人々の行動エリアが限られますが、海の文明は、海流に乗って人々がはるか遠くまで移動することができます。

さらにいうと、陸の文明では、夫と妻が同居して生活しますから、ゴリラやチンパンジーがそうであるように、あまり言語を発達させる必要がありません。

これに対し海の文明では、男たちは船に乗って漁に出ていってしまいます。出ていった男たちは、どこで浮気をするかわからず、島にいる女達は、夫や息子の無事を祈り、またどこかの島で浮気をしていないか、必死で（笑）情報交換をします。人間の言語は、女性たちのこの情報交換のための言語によるコミュニケーションによって発達したと言われていますが、これに加えて神への「祈り」もまた、言語を発達させせます。

海の文明において、船で沖合に向かう男たちは、誰もが「板子一枚下は地獄の入り口」です。危険な魚もいっぱいいるし、海がシケれば帰ることができません。漂流したら、死にます。島の女達にとって、愛する夫や我が子が無事に帰ってくること、そしてその日が豊漁であることは、日々、切実な祈りです。大昔から日本では、神と直接対話することができるのは、女性たちだけに与えられた特権とされますが、こうした思考ないし文化は、どうみても、海の文明に基づくものといえます。

要するに海の文明では、女達の言語中枢の発達と、神への祈りという文化が、陸の文明よりもかなり発達しやすいのです。したがって、言語に基づく文明は、陸の文明よりも、海の文明の方が、はるかに早い時期に成立したとみるべきです。

別な角度でも、陸で家畜を飼って生きるにせよ、動物の集団を狩って生きるにせよ、アフリカの肉食動物たちがそうであるように、集団が大きくなる必要はありません。

むしろ、肉食文化の場合には、集団は小さいほど、食料効率が上がります。

▼利己的な遺伝子

雑食系の猿やゴリラたちは、小集団を形成して生きますが、それでもひとつの集団が50頭を超えることはまずありません。そして老若男女合わせて50人くらいの人の集団では、ほとんど言語を必要としません。「おぅ、うぅ、ぶぅ、ぐぅ、えぇ」といった擬音語だけで日々の生活は足りてしまいます。つまり言語が発達しにくいのです。

集団は50人を超えると、言語によるコミュニケーションが必要になると言われますが、草食系動物の場合は、何百という大規模な集団を形成して生活しながら、特段の言語を必要としません。これは彼らが単に数の力で、肉食動物に襲われても集団を維持しようとする本能に基づいて集団を形成しているだけで、個々の動物同士のコミュニケーションを必要としないからです。

本来、動物（人間を含みます）は、利己的遺伝子に基づいて行動します。簡単にいえば、自分さえ生き残れば良いのです。ですから集団を形成するのは、肉食動物に襲われても、他を犠牲にして自分だけ生き残ろうとするから何百、何千という集団を形成しているだけで、個々のコミュニケーションまでは必要としないのです。

ところが人類は、何百という集団を形成し、かつ、言語によるコミュニケーションを行います。なぜこのようなことが起こるのか。これを陸の文明で説明しようとしても、どうしても無理が生じます。必要性が生まれた背景の説明がつかなくなるのです。

人類が陸の文明で言語中枢を発達させるためには、人類が猿のように雑食性であることに加えて、猿の集団よりもはるかに大きな何百という集団を形成する必要が生じなければならないからです。集団で狩りをするようになったからだと説明する先生もおいでになりますが、それを言うなら、オオカミやハイエナだって集団で狩りをします。けれど彼らは複雑な言語を発達させることはありません。

ところが海の文明の場合、島で暮らす小集団での生活であったとしても、集団を維持するためには、男たちが無事に漁から帰ることが、どうしても不可欠の要素となるわけです（食料をそうして得るのですから当然です）。そんな男たちの無事を祈ること。そして男たちが、別な島で浮気をすることを防ぐことは、女達にとって生きるか死ぬかの重要課題です。

このように考えると、猿が簡単な葦舟《あしぶね》をつくって海で漁をするようになったことが、猿と人類を明確に分けるきっかけになったのではないかという仮説を立てることができます。

船の発明がいつ頃であったのかというと、それがおそらくは20万年～10万年前。

そして葦舟を使って男たちが漁に出るようになることによって、女達が、はじめて言語中枢を驚異的に発達させていった、と考えると、辻褄《つじつま》が合ってくるのです。

これはあくまで仮説であって、そうだと決めつけているわけではありません。しかし仮説だから信頼できないとかいうのなら、リチャード・ドーキンスの「利己的遺伝子論」も、仮説にすぎません。また仮説であるのですから、ドーキンスに根拠や出典を求めたところで、そんなものはありません。同様に、海での生活から人類の言語が発達したのではないかという仮説にも、出典はありません。事実として発掘されている遺物や、人骨、人類文化の特徴などから、もしかしたらこうではなかったかと推論しているのです。これを仮定的推論（abduction）といいます。

▼武器を持たない文明

倭人たちの文明には、もうひとつ、遺跡から武器が出土しない、という特徴があります。

これもまた海の文明の特徴で、大事な船が犠牲になるかもしれない争いや戦いよりも、良い漁場を探して、1匹でも良い魚を得ることのほうが、たいせつな課題になるのです。

なぜなら、海で魚を捕ることは、陸で動物を射ることよりも、はるかに容易いことだからです。

ですから海の文明は、陸の文明のように武器を持って人と争い、力で敵を征服して敵の保有する食料を奪うのではなく、自然と共存し、武器より道具を大切にし、争いよりも技術の進歩が優先されます。そして、大海原では、太陽と星が、帰りの道筋を示す大事な目印です。つまり、信仰は、太陽や星が対象となります。

インカでは、太陽が崇拝され、灌漑と台地栽培によって、農業生産が行われていたとされます。そして、インカの遺跡からも、不思議なほど、武器が出てきません。

日本も、全国に数万カ所ある縄文時代の遺跡から、現在に至るまで対人用の武器が出土していません。つまり、人が人を殺して「奪う文化」ではなく、人と人とが協同して食べ物を「つくる文化」を共有していたわけです。

一部の本には、インカでは、灌漑農業のために貴族が労働力を搾取していたなどと書かれているものもありますが、インカの遺跡をみると、神殿、民家、要塞、道路など、きわめてすぐれた技術によって建設されています。こういうことは、古来、上からの命令と奴隷のような隷従のもとでは、なかなかできるものではありません。

人々が喜びと未来への希望を持って力を合わせたときに、はじめて高度な技術が誕生するし、巨大な神殿や道路ができます。はっきりいえるのは、上からの強制によって築かれた道路や石組みは、簡単に経年劣化する、ということです。ひとりひとりが、信仰ともいえるほどに、熱心に良いものを築こうと努力し、その努力が何百年、何千年と蓄積されたときに、実は、はじめて数百年、数千年の歳月をものともしない頑丈な建築ができるのです。

▼5千キロのインカの幹線道路

たとえば、インカには、いまも往時のままに残る石造りの幹線道路があります。

これは北部のキトからチリ中部のタルカまで、5230キロにも達する道路です。その道路が、王侯貴族の栄華のためだけに築かれたとするのは、どうみても無理があります。なぜなら、もし王侯貴族の栄華のための道路なら、その王侯貴族が政治権力を失った後、その施設は簡単にジャングルに埋もれてしまうからです。

これを言うと、万里の長城は、皇帝の権力で完成したのだ、などという人もいます。

しかし万里の長城が立派な城砦のような形状をしているのは、観光ガイドの写真に出ているごく一部分でしかありません。長城といいながら、ほとんどの部分は、崩れかけたただの盛土です。

騎馬族の侵入を防ぎ、農地を守ろうとすれば、人々は長城を作ろうとする国家の指針に、進んで協力します。その協力が、自らの家族や生命、財産を守るのに「必要な」行動だからです。

インカの道路は、王侯貴族が、彼女を連れて馬車でチョロチョロする程度なら、ほんの数キロの道で構いません。5000キロもの長い距離の道路が完成し、かつ保持されたのには、そこに一般の庶民の期待と協力と需要があったからと考えるのが自然です。

実際、この道路には、1トポ（約7キロ）毎に里程、約19キロ毎にタンボ（宿駅）が、設置されているのです。この発音もおもしろいです。トポ（徒歩）、タンボ（田んぼ）にも聞こえます。

他にもチャスキと呼ばれる飛脚が約8キロ毎に設置されていました。そのチャスキは、タンボ間のリレー方式で、1日に、なんと約240キロの情報伝達能力を持っていたと言われています。ちなみにチャスキは、日本語の「タスキ」に音がよく似ています。

こうした情報伝達を、軍事利用と規定している解説書が多いのですが、そうした解説書では、インカの遺品として、軍事に不可欠の武器が出土していないことに触れません。もちろん、武器が何もないわけではありません。オンダと呼ばれる携帯用の投石機があります。これは大型獣を倒す狩猟用のものであって、対人を目的としたものではありません。

こうしてみると、チャスキが生まれたのは、多くの人々の情報伝達のため、つまり民生用と考えた方が自然です。

▼スペインの略奪者

そもそも、なんでもかんでも古代は王侯貴族が大きな顔をし、労働は奴隷にやらせていた社会などというのは、そういう社会体制を基礎とする西洋か、日韓併合前の朝鮮くらいなものです。一部の貴族だけが贅沢の限りを尽くし、一般の民衆が搾取される（中世ヨーロッパや、李氏朝鮮では、平均寿命が24歳くらいだった）社会では、文明はかならず停滞し、退廃します。逆にいえばインカは、すぐれた統治と豊かな民生のある武器を持たない文化が、そこにあったということです。

ところがインカは、それだけ発達した交通網や文化を持っていたことが、結果として、文明を滅ぼしています。どういうことかというと、スペインの略奪者、フランシスコ・ピサロの一行がやってきたのです。武器を持たないインカの民に対し、ピサロは情け容赦なく銃をぶっ放し、女を強姦し、黄金や貴金属、宝石などの富の略奪を重ねました。

そして和平を願って交渉にきたインカの王、アタワルパを逮捕し、まる裸にして辱め、殺害し、ついには、わずか180名（たった180名です）の180丁の銃で、1600万人の人口を持つインカの大帝国を滅ぼし、その文明の痕跡さえも失うまでに、略奪し、滅ぼしているのです。

滅ぼした人数は、たったの180人です。滅ぼされた側は1600万人です。人口のわずか0・001%です。けれどたったそれだけの数のスペインの乱暴者が、1600万人の人口を持つ一国の文明を滅ぼし、富も、政治体制も、歴史も文化も、そして言語までも破壊し、失わせています。

申し上げにくいことだけれど、いま、ペルーのインディオたちの中には、100%インディオの純血種というのはいません。ほぼ100%の人が、スペイン人のDNAを持っています。これがどういうことか、何を意味しているかは、ご想像におまかせします。

「武器を持たない文化」は、戦後の日本がそうであったように、内政面で人々の平和をもたらし、話し合いと共存、民生技術の進歩等、人々の生活を豊かにします。なぜなら、対立したときの問題の解決に武器を用いることができない分、発達した内政用の統治システムが必要となるからです。

▼ポルトガルと日本人

インカの滅亡は、大切な事実を、私たちに語りかけてくれます。それは、すぐれた内政統治システムも、歴史も伝統も文化も、そこに安住すれば、「武器を持った粗暴な外国人」の前に、まったく無力だということを証明しているからです。

日本には、ポルトガル人たちが、インカにスペインがやって来たのとほぼ同じ時期にやって来ました。ポルトガル人も、銃を持っていました。けれどその銃を見た種子島の領主は、なんと現在のお金で銃1丁を5000万円という高値で、2丁も買い取りました。

ポルトガル人にしてみれば、これは大儲けです。彼らは、これはすごい商売になる！と、さっそく本国に帰って大量の銃を仕入れ、船に積んでふたたび種子島に運び込もうとしました。

ところが日本は、ポルトガルの船が再びやってきたときには、種子島で買い取った銃を分解し、なんとポルトガル人の数十倍の火縄銃を、量産していたのです。

しかも、ポルトガル人の所持する銃よりもはるかに性能が良い。だからポルトガル人は、日本を植民地にできなかったし、日本文明を滅ぼすこともできませんでした。

幕末も同じです。黒船来航の何年かのちには、日本では、各藩が、それぞれに蒸気機関を開発していました。軍艦も買い取ったし、日本中の武士たちが、攘夷と称して刀を持って暴れまわっていた。これでは欧米列強は容易に日本に上陸できません。そうやって時間稼ぎが行われている間に、日本はどんどん国力をつけ、明治政府が誕生する頃には、日本の保有する軍艦の数は、欧米から来航してきている黒船を、少なくとも数の上では圧倒するレベルにまで達していきました。

現在でも、世界には、話し合いや和の心だけで平和的に物事を解決できるだけの高度な世界的統治システムは完成していません。話し合ってダメなら、あとはチカラに物を言わせる。つまり戦争をして白黒をつける。それが世界秩序です。世界は、いまだに法のない群雄割拠の時代にあるのです。

言い換えれば、世界に向けて正義を実現できるのは、話し合いだけでなく、武力が背景にあるときだけです。弱虫は、どんなに正しい理屈を垂れても馬鹿にされ、蹂躙されるだけなのです。そしていまの日本は、あきらかにＣｈｉｎａやＫｏｒｅａに馬鹿にされ、蹂躙《じゅうりん》されています。簡単に言ったら、やくざ者に舐《な》められているのです。

この日本の現状を救い、本来の日本の歴史、伝統、文化を取り戻すためには、私たち自身が、武力行使も辞せずという強い信念と実力を持たなければならないのだと思います。

第4章

いま世界で起きていること

一　人口変動とグローバル金融システム

▼ダボス会議

先の大戦の頃、世界の人口は20億人でした。人は、食料の生産量の分しか生き残ることはできません。現在の世界の人口が80億人になったのは、その食料の生産性が向上したこと、冷蔵保存や、食料の腐敗を防ぐ技術開発によって、世界の食料が効率的に消費されるようになったことが理由です。ただし、これ以上人口が増えると、世界は食料不足に陥ります。

世界の人口はさらに増加していて、このままいくと２１００年には１２０億人に達すると言われています。しかもこの人口は、現状の推移での増加予測で、チャイナの人口が減少に向かうことを前提としています。もしそこが増加傾向になると世界の人口は２１００年には１６０億人になります。こうなると世界の食料生産は間に合わず、世界の諸国は食料を求めて戦争をせざるを得ない状況になります。

現在、人口が増加傾向にあるのは、アフリカと米英です。とりわけアフリカの人口増加はすさまじいものとなっています。理由は貧富の差の拡大による治安の悪化で、生存を脅かされた人々が、自己の遺伝子を残そうと子作りに躍起になっていることが最大の理由といわれています。

米国の人口増加は、移民の増加が最大の原因です。トランプ大統領の時代に、メキシコ国境に壁が造られたことで、世界中から非難が殺到したと言われていますが、これは人口増加対策としてはやむをえざる選択であったといえます。

１６０億人というすさまじい増加は、チャイナの人口が爆発した場合を想定しています。チャイナは一人っ子政策が奏効して、人口が減少に転じ、さらに先進諸国の仲間入りをしたことや、住宅事情の悪化で、近年では新生児の人数が激減していると報道されていますが、なにしろ中共の発表です。正確なところはわかりません。すでに中共は一人っ子政策を廃止していますが、もし、実情が人口増加に向かっているのなら、80年後には世界の人口は現在の2倍に膨れ上がってしまうわけです。

そこで、どうしたら人口抑制ができるのか。また食料事情の改善のために何が必要なのかが議論されることになります。

こうした議論は、本来なら国連がそのために機能しなければならないのですが、現状において国連は特定のアジア国が職員に多数入り込み、賄賂が横行してまともな議論ができる状況ではなくなっています。

そこで世界の有識者や政治家が集まって、「国連とは別に」ダボス会議が開かれましたが、これは異常な事態といえます。なぜなら本来対応すべき国連が、たいせつな地球全体の問題の議論に際して機能していないことを意味するからです。

そこで一部の国から、ダボス会議は陰謀である、という議論が出ています。国連に自国民を大量に送り込み、賄賂で国連を思うように操ろうとしている国にしてみれば、国連以外でたいせつな世界の問題が議論されるのでは、これまでの努力が無駄になりますから、必死に陰謀を主張することになります。

そしてこのことには、もうひとつのファクターがあります。

▼基軸通貨国のポストの奪い合い

世界の基軸通貨国になると、世界中から欲しい物を自国で印刷した紙の通貨で買うことができるようになり、またそうやってバラまかれた自国の通貨は、国債を発行することで、いつでも必要なだけ回収ができるようになる、ということは、第3章で述べさせていただきました。

この世界の基軸通貨になっているのが米ドルですが、その米ドルと交換できるという一点だけを利用して、自国でどれだけの通貨が発行されているのかを伏せたまま、まるで錬金術のように懐《ふところ》を肥やした国がある、ということも、第3章で述べさせていただきました。

しかし、あまりに露骨なそうしたお金の洗浄が世界中で問題視されるようになると、今度は、紙の通貨ではなく、デジタル通貨で世界を支配しようとする動きをし始めました。これは貿易の代金決済を、デジタル人民元ですべて行うことができるようにしようということです。

もし、これが実現すると、米国は世界の基軸通貨国という地位を、中共に明け渡すことになります。するとその瞬間に、米国は世界最大の債務国となります。

これまでは、米国はいくら外債を発行しても、その償還期限が来たら、ドル紙幣を印刷するだけで済んだのです。けれど米ドルが基軸通貨の地位を失えば、米国は単なる世界最大の債務国に転落します。そうなると米国政府は破産します。政府が破産すると、政府が行うあらゆる行政サービスが停止します。公務員の給料が支払われなくなるからです。

行政サービスには、警察や裁判所の機能も含まれます。道路や橋の保守サービスも停止します。つまり米国政府は崩壊します。

合衆国政府がなくなっても、民衆の治安は守らなければなりません。そうなると頼みの綱は州警察と州兵になります。そして米ドルが崩壊すれば、州ごとに通貨を発行するしかなくなりますから、こうなると米国は50ある州が、それぞれ独立国になる他なくなります。米国は3億の人口を有する巨大国家ではなく、もちろん州によっては、いくつかの州が集まってひとつの国を築こうという動きもあるでしょうけれど、確実に多数の小国に分裂することになります。そして分裂したそれぞれの国が、デジタル人民元を国の通貨にすれば、米国社会は、完全に中共の軍門に降ることになります。

世界の歴史を見ると、どんな超大国でも、最大250年前後で崩壊しています。米国の独立は1776年。ということは2026年までには崩壊の危機が訪れるわけです。

▼国際協力による中共の封じ込め

そのような事態が予測されるなら、そうした事態をなんとかして食い止めようという動きもあります。それがロスチャイルドやロックフェラーなどの、もとの石屋さんたち、つまりいまで言う国際金融資本の動きです。もし、中共がデジタル人民元で世界の通貨市場を独占するなら、いまある国際金融資本は、すべて中共の支配下に入ることになります。

国際金融資本は、これまでのモンゴル帝国以来700年の歴史の中で、必ずしも褒められた行動ばかりを行ってきたわけではありません。けれど現時点における世界の為替市場と、両替可能な世界の主要国の通貨を完全に押さえています。米国でドル紙幣を発行しているFRB《連邦準備銀行》は、米国政府の一部ではなく、国際金融資本の出先機関ですし、日本銀行も、日本政府の持ち物ではなく、国際金融資本の持ち物という側面があります。だから国際為替が成立します。

ところが中共の人民元が独自に世界の貿易基軸通貨の地位を得てしまったら、これまでの700年の国際金融資本の努力も財産も、すべて水の泡になります。とりわけ中共が計画しているデジタル人民元は、まったく信頼のおけない中共が発行するデジタル通貨です。そもそもデジタル通貨は収入や支出のすべてがデータとして記録されるという長所があります。これによってマネーロンダリングや脱税、違法組織への送金などの違法行為を防げるというメリットがある通貨です。その発行を、まさに国が率先してそれらの違法行為を行っている国が行うというのです。これでは世界は、まさに悪魔の手に渡るようなものです。

そこで国際金融資本は、中共の人民元、およびデジタル人民元を封じ込めるため、中共との商取引そのものを縮小する方向に向かいました。

けれど世界の主要国の大手企業は、軒並み中共にその製造拠点の工場を、すでに持っているのです。世界の経済は、もはや世界の工場を自認する中共抜きでは語れない状況になっていました。

そこでコロナが用いられました。実際にはスペイン風邪の万分の1も致死率のないウイルスが中共の工場から洩れるようにしたのです。というよりも、世界最強の殺人ウイルスと銘打ったウイルスの情報を流せば、中共は大喜びでそのウイルスを手に入れます。けれど相手は目に見えないウイルスです。中共の管理体制では、あっという間にそのウイルスが世間に広がってしまう。これをパンデミックという扱いにすれば、世界の都市をロックダウンさせることができます。物流は停止し、商取引も制限されます。そうなれば輸出頼み、外貨頼みの中共は、またたく間に経済を低迷させ、人民元も力を失います。

前にも申し上げた通り、中共という国は地方軍閥の上に共産党政府が乗っかっている国です。中共政府の役割は、それら地方軍閥のトップを儲けさせること。それができなければ政権は崩壊します。そして中共の政権が崩壊すれば、中共はそれら地方軍閥の管区ごとに概ね

5つの国に分裂し、さらに外圧次第では、彼らが植民地支配しているチベット、ウイグル、内モンゴル、満州、香港などを独立国として手放させることも可能です。そして中共が10の国に分裂すれば、それらひとつひとつでは、もはや世界の経済を揺り動かすほどの脅威を発生させることはないし、この際に、国際金融資本が、それぞれの独立国ごとに通貨発行銀行を設立すれば、世界が悪に支配されることはなくなります。

▼陰謀論とワクチン

これに対して中共が世界中に張り巡らせていた工作員を総動員して行った宣伝キャンペーンが、「世界はDS《Deep State》と呼ばれる国際金融資本によって支配されている」というキャンペーンです。国際金融資本があたかも「陰謀を巡らせて世界の人口を削減しようとしている、大量の死者を出そうとしている」というように、あることないことを目一杯組み合わせた宣伝工作を展開したわけです。日本でも、これを信じている人は多いようです。

中共のすごいところは、ウイルスへの対策ワクチンの接種を世界的なブームにしていったことです。ワクチンは、世界の様々な製薬会社が出していますが、その主成分は、いずれも中共産です。つまり世界中でワクチンが売れれば売れるほど、中共が儲かるという仕組みを作ったわけです。そしてこれを実現するために、世界の要人への大胆な工作が行われたと言われています《あくまで噂です》。

要するにどんなときにも儲けようとする人はいるわけで、こうして儲けた人がいれば、その人物を逮捕して、そこから利益を巻き上げるのが、また中共のやり方であるわけです。米国の選挙にも介入がありました。彼らはそれを必死でロシアのせいにしようとしました。また米国のメディアを徹底的に買収し、そのキャンペーンを張りました。そんな中共政府を名指しで非難していた米大統領さえも、あらゆる不正を用いて落選させました。

こうしていま、世界は悪に飲み込まれようとしています。

しかし国際金融資本は、そのような状況になることを見越して、彼らの思い通りに行動させました。なぜなら、そうすることで、誰が買収されているのか、誰が中共の世界制覇に手を貸しているのかをあぶり出すためです。世の中から悪がなくなることは、決してありませんが、悪を封じ込めることは可能です。そのためには、悪に手を染めているのが誰なのかを、まず明確にする必要があるのです。

現時点で、このことは現在進行系です。いずれ事実関係が明らかになると、一斉逮捕が行われると言われています。それが怖いから、中共は、悪を明るみに出そうとしている人たちを、まるで悪魔のように言い立てています。

陰謀論は、陰謀をしているとされている人たちではなく、陰謀をしていると「言っている」人たちの側が、陰謀を働いていることが多いものです。「悪口は、悪口を言っている人が、はからずも自分のことを吐露している」ものです。惑《まど》わされないことです。

▼日本の人口は問題にならない

ちなみに日本では、人口増加のことはあまり問題になりません。なぜなら日本の人口は減少傾向にあるからです。

まず、２０５０年頃まで人口が毎年90万人ほどずつ減っていきます。これは毎年和歌山県ひとつがなくなっていくようなものです。

次の50年になると、毎年人口が１２０万人ずつ減少します。これは岩手県や青森県が、毎年ひとつなくなっていくようなものです。

こうして西暦２１００年頃には、人口が５０００万人を下回るようになると予測されています。つまり今年生まれた赤ちゃんが80歳になる頃には、日本の人口はいまの半分以下、１００歳になる頃には、日本の人口は４０００万人以下になるのです。

別にケムトレイルをバラまかなくても、ワクチンで殺さなくても、人口は減少傾向にあるのです。

人口が減少する一方で、日本は国土の高機能開発によって、農業の活性化を長期的に図っていくことができるようになります。早ければ２０６０年頃には、国内の良質な作物だけで、日本は食料自給率が１００％を超えます。

食料は自給自足が第一です。ここは大事なところです。たとえばバナナなど果物類の多くが輸入に頼っていますが、その生産をしている海外の農家は、きわめて劣悪な環境、そして経済状況に置かれています。年収が60万円くらい。しかも大規模農場なため、空中から農薬散布が行われ、従事する農家は、そんな農薬にまみれて全身皮膚病に侵されながら生産を続けています。そんな果物が、日本のスーパーで1個ン十円で売られているわけです。まだ日本が経営している農園は環境が保持されているのですが、その国で、日本以外の国が経営する農園では、本当に劣悪な環境のもとで栽培が行われているのです。

日本の精神は共存共栄です。世界中の農家が豊かな暮らしができるようにするためには、まずは我々日本人は、自国の食料自給率をアップさせ、海外から買うときには、しっかりとした環境で品質の良い栽培がなされている農家から、適正な価格で商品を買う必要があります。そのためにも、日本の農業の活性化は不可欠です。

二　戦争よりも大きな戦争

▼ドンパチの戦争から経済戦争への変化

先の大戦まで、世界の戦争は武器を用いて人と人とが殺し合う戦争でした。その戦争について、かつて帝国海軍の予科練で学んで飛行兵となった故・松本裕昌さんは、著書の『我が予科練の記』の中で、次のように述べています。

「今後決して、権力者の野望を満たすために、若者のエネルギーを、命を、奪ってはならない。又奪われてはならない」

たいへんに重い言葉であると思います。そして日本は、戦後75年以上に渡って、先進諸国の中で唯一、一度も戦争をしないで今日に至っています。これはとても大切な、そして貴重なことです。絶対に二度と悲惨な戦争はしない。このことは私たち日本人共通の意志そのものであると思います。

ただ、21世紀に入って、もちろんいまでもドンパチの戦争は地域によってありますけれど、先進諸国間における戦争の形は、ずいぶんと様変わりしています。それは戦争の形が、武器を用いてドンパチを行う通常戦だけでなく、経済戦、通貨戦、外交戦、国家テロ戦、諜報戦、金融戦、ネットワーク戦、法律戦、心理戦、メディア戦、ビジネス戦と、多岐に渡るようになったということです。このことについては、中共の人民解放軍大佐の喬良と王湘穂が１９９９年に出した『超限戦』という本に詳しく載っています。

世界がグローバル化したことにより、戦争は全方位でリアルタイムに、そしてあらゆる手段が用いられるようになったのです。そしてこのことによって、戦争がドンパチの通常戦よりも、はるかに大きな惨劇を招くようになっています。

その意味で、かつてあった米ソの冷戦は、まだ通常戦の枠を出ていなかったということができます。米ソ冷戦の代理戦争として、朝鮮戦争やベトナム戦争、アフガン紛争等がありましたが、いま行われている米中の対立は、グローバル化した世界における、世界の覇権争いになっています。

▼金も女性も利用される

いまは消されていますが、工作任務を拒んだチャイニーズの若い美人女性たちが、他の女性たちが見ている前で処刑される映像がかつてＹｏｕＴｕｂｅにアップされたことがあります。

目の前で同僚が殺される様子を見た女性たちが何を思うか。そして言うことを聞いたときには、あらゆる贅沢が与えられるのですから、究極の選択のようなものです。

旧ソ連でも、レッド・スパローといって、冷戦時代に若い美人女性を性的スパイとして育成することは行われていたと言われていますが、それさえも及ばないほど徹底した工作員養成が行われているわけです。

かつての支那事変で、蒋介石が米国で『日本の戦争犯罪に加担しているアメリカ』というブックレットを作っていたということをご紹介しましたが、このブックレットには、ヘンリー・スティムソン前国務長官、フランクリン・ルーズベルト大統領、コーデル・ハル国務長官、スタンリー・ホーンベック外交担当国務省補佐官、たくさんの連邦議会議員、マスコミのオピニオンリーダーたち、教会指導者たち、その他ヘレン・ケラーやパール・バック女史、元海軍少将のリチャード・E・バードなどが名を連ねて寄稿しています。

委員会は、このブックレットを6万部も刷って、全米の議員をはじめ、有力者や団体にバラまきました。ルーズベルトは、これを世論だとして、日本への経済封鎖に踏み切っています。そしてこのことが原因となって、日本は日米開戦に追い込まれて行きました。

6万部を印刷して配るということは、たいへんな資金が必要です。その資金は蒋介石から出ていましたが、もともとは米国が蒋介石に提供したお金です。つまり蒋介石は、他人のフンドシで大商いをしていたわけです。

▼日本との違い

これに対する当時の日本の対応には、2つの特徴があります。

ひとつは日本の対応が極めて論理的なものであったということです。蒋介石の行う数々の非道な振る舞いに対し、日本はやむなく大陸出兵を余儀なくされ、暴力的な破壊活動を行う蒋介石軍を追い払い、それぞれの地に治安の回復を行い、チャイナの民衆の暮らしに平穏をもたらしました。

蒋介石の行う数々の宣伝工作に対しても、ひとつひとつが事実かどうかを確かめ、事実でないことは、事実でないとはっきりと主張をし続けました。つまり日本にとっての支那事変は、あくまで世の中の歪《ゆが》みを正して平穏を回復するための武《たける》ための戦いであったし、日本人の思考はそこから一歩もはみ出していません。

実はここに日本人の大きな特徴のひとつがあります。意外に思われるかもしれませんが、日本人はきわめて論理的かつ合理的な思考と行動をする民族なのです。

鉄砲伝来のときもそうでした。日本人は、それを科学技術としてとらえ、すぐに鉄砲の量産を図っています。

黒船のときもそうでした。蒸気機関を科学技術としてとらえ、また欧米列強の新型銃や大砲などの武力、あるいは彼らの持つ国力を客観的にとらえて、すぐにその技術や仕組みを我が国に採り入れるべく努力を重ねています。

ところが世界はそうではありません。世界中の有色民族たちは、白人とその鉄砲を見て、それを魔法と考えて、最初から「敵わないもの」として、その威力の前に平伏しています。

黒船の時代には、白人種には敵わないと、白人種をいわば神として、彼らの国を宗主国、白人たちをご主人様と呼びました。

日本が有色人種国でありながら、唯一、独立を維持できた理由は、実は出来事を「魔法」として捉《とら》えるのではなく、常に「科学的合理性と客観的論理性」によって把握するという特徴に基づくのです。

この傾向は、昨今の南京問題や、いわゆる慰安婦問題についても、同じことがいえます。それらの問題について、日本人は、いちいち彼らの主張のひとつひとつを正確に捉えて、それが事実であったかどうかを科学的合理性と客観的論理性によって検証し、事実でないものは事実でないと主張しています。

しかし、彼らがそうしたありもしないことを事実だと言って宣伝するのは、科学的合理性と客観的論理性によるものではありません。そうすることによって、日本政府から巨額の賠償金を得たり、日本国内での利権を得たり、あるいは日本企業の持っている世界的信用とマーケットを横取りして「金儲け」をすることに目的があります。

目的が金儲けであり、事実それによって大金を得ることができるのですから、科学的合理性と客観的論理性など関係ないのです。ですから日本が、彼らの主張に対していくら科学的合理性と客観的論理性に基づく検証を行って、彼らの主張の間違いを主張して、一時的には彼らを抑えることができたとしても、すぐに再び三度《みたび》同じ主張が繰り返されます。

▼どうしたら良いのだろうか

このような相手に対して、我々日本はどのように対応すればよいのでしょうか。その答えは、実にシンプルです。目的がカネにあるのですから、カネを出さない。それだけのことです。オレオレ詐欺への対策と同じです。

そして事実を宣伝活動によって暴露する。彼らの国では、日本からお金が出ていることさえ国民に知られていません。では、そのお金がどこにどう消えたのか。日本からサウスコリアに渡ったお金にしても、どこにいくら、どのように使われたのかをはっきりさせるよう求め、かつそれを宣伝することです。

実は日本のもつ科学的合理性と客観的論理性は、ただ受け身の反論に使うだけではなくて、事実の公開によって世界を味方に付けることができるインパクトがあるのです。そしてそれを使いこなす戦略性こそ、日本が生き残る知恵でもあるのです。

いまひとつの日本の対応の特徴は、「事後的」であったということです。チャイナに日本人がいて、その日本人に対して国民党軍が差し向けられたり、あるいは国民党軍が、同胞のチャイニーズに対してひどいことをするから、日本の軍はそれに対処しています。これは事件捜査と同じで、「起きた事実に対して対処」しているという形です。

特に第一次世界大戦以降の日本は、現在にいたるまで、ずっと、あらゆる事態に対して「起きた事実に対する対処」しかしていません。

●追い詰められたから真珠湾への攻撃をした。
●攻めて来られたから、島を守る戦いをした。
●艦砲射撃や空襲で住む家がなかったから、家を建てた。
●家電製品の人気が高まったから、テレビや冷蔵庫、洗濯機を作った。
●オウムがサリンを作っていたから強制捜査した。
●連合赤軍が浅間山荘にこもったから、包囲して逮捕した。
●阪神淡路や新潟、東日本、熊本で大規模な震災が起きたから、被災地への対策をした。
●コロナ問題が起きたから、自粛を呼びかけた。

いずれも等しく、起きた事実への対処でしかありません。

その意味では日本は、結果からみれば、何万人もの日本の若い軍人さんたちの命を犠牲にして、蒋介石の金儲けの手伝いをしたにほかならないということができます。たまたま日本の軍人さんたちが、飛び切り優秀だったために、日本は勝利することができましたけれど、支那事変では、日本の軍人さんたちは、常に10倍から20倍の敵との戦いを余儀なくされています。めちゃくちゃです。常に「後手」なのです。

では日本が「先手」をとるにはどのようにしたら良いのでしょうか。これまた簡単なことです。日本が日本の意思と考え方を世界に向けて堂々と示せばよいのです。

だからといって、第一次世界大戦後のパリ講和会議のときのように、「日本は人種の平等を求める」などと、ただ闇雲に意思を示せば、当時の世界は覇権主義であり植民地経済で成り立っていたわけですから、日本は世界の列強諸国をすべて敵に回すことになります。

しかも、このときの日本の発言は、立派だけれど、あまりにも戦略性がない。人種差別撤廃を主張して世界を相手に戦うという意思すらない。正しいことだから、日本国の意思だからといって、ただ闇雲に正義を振りかしても、それが世界の趨勢と異なるものであれば、日本はただ世界の敵になるだけのことです。

パリ講和会議が行われたのは1919年ですから、いまから100年も昔のことです。けれど、そのたった一言のため、日本中が結果として焼け野原となり、そしていまでも日本は国連という名の連合国（Ｕｎｉｔｅｄ　Ｎａｔｉｏｎｓ）の敵国のままの状態にあります。１００年経っても、いまだに悪影響が残っているのです。

▼必要な戦略性

「先手」を取るには、戦略性が要ります。そして、宣伝が要るということは論を俟ちません。そして戦略性を発揮するためには、我々日本人自身が、日本人としてしっかりとした誇りをまず取り戻す必要があります。

日本が戦略と宣伝を、見事に成功させた事例は古代日本にあります。聖徳太子の時代のことです。

隋の大帝国の成立に際して日本は、隋が高句麗との戦いで疲弊し、日本を味方に付けざるを得ない状況になるのを見計らって、遣隋使を送り、見事に隋と対等な関係を構築しています。

次に興った唐に対しては、唐の軍事的脅威に対して、日本は教育と文化で自国を統一国家にしてしまうという、世界の趨勢から見れば、びっくりするような政治を執り行っています。なぜこのようなことが可能であったのかといえば、戦略以前に、どういう日本を築くのかという、明確な指針（もしくは意思）があったからです。つまり根っこがなければ、戦略も戦術もないのです。こうしたことを、私たちは歴史から学ぶべきです。

コロナ問題も、実は過去の事例によく似ています。なぜならこの問題の本質は、感染ではなく、世界の通貨支配にあるといえるからです。

三　正義とお金の不都合な関係

▼権力の3要素

力《ちから》のことを英語でパワー《Ｐｏｗｅｒ》と言います。このパワーは、次の３つによって構成されます。

1　物理的力

正義
(Justice)

正しくない → 正しい

力
(Power)

ある ↑ ない

	正しくない	正しい
ある	I 力あるけど正しくない ● 不公正な金儲け ● マフィアが仕切る政治経済 ● 暴力による支配 ● 自己中心的 ● 大勢の人を踏みつける	II 正しくて力がある ● 公正でカネがある ● 正義のための情報力 ● 正しい資金の使い方 ● 正しいお金の使い方 ● 正しい権力行使
ない	III 力もなく正義もない ● ただのヒガミ ● 不正を容認 ● 奴隷 ● 自分の意見を持たない ● 惰性に流される	IV 正しいけれど非力 ● 信念はあるけれど資金力なし ● 論理的だけど力がない ● 公正だけど拡散力なし ● 公正だけど強制力がない ● 同調されても力がない

2　財力《資金力》
3　情報力

この3つが揃うと権力になります。ですから右の3つは、そのまま権力の3要素となります。組織では、このなかのひとつでも持てば頭角を現すことができ、2つを握れば事実上の実権を握ることができます。そして3つとも手に入れたら、独裁が可能です。

20世紀における国家間の戦争は、物理的な戦いによって行われました。先の大戦によって大国が核を保有するようになると、米ソ冷戦という名の情報戦が始まりました。そして情報化が進み、世界がグローバル化することで、世界の戦争は、いまやお金を得るための覇権争いになっています。

つまり戦争は、物理戦→情報戦→経済戦へと変化したのです。もちろん、物理戦や情報戦が完全になくなったわけではありません。むしろ、この3つが同時並行的に、覇権をめぐって激しい戦いを繰り広げている、というのが、現在の状況といえます。

そしてさらに、現代戦は、国家の壁を取り払いつつあります。それは、20世紀のような国家意志のぶつかりあいではなく、国境を超えた一握りのお金持ちや、企業の経営陣たちが、より大きな利益を上げるために、国家を隠れ蓑にして、ありとあらゆる方法で利益を貪る戦いです。20世紀の覇権争いは国家単位の戦い、グローバル化した現代の戦いは、金儲けのための戦いです。ですからこれを従来のような国家単位の戦いとして見ると、間違います。

▼国際金融資本

グローバル化した世界は、13世紀のモンゴルの大帝国と同じです。モンゴル帝国が、ただの紙を世界通貨にすることができたように、覇権国は紙を世界通貨にすることができます。これを基軸通貨といいます。この地位を得ていたのがニクソン・ショック以前の米国で、米ドルが世界の基軸通貨となることで、米国はただ紙を印刷するだけで、世界中からいくらでも欲しい物を手に入れることができるようになりました。

しかしそうは言っても、取引相手となるそれぞれの国には、その国ごとの通貨があるわけです。ですからたとえばドルを円に、円をポンドにといったように、異なる通貨ごとの為替が必要になります。しかしそのためには、万国共通で価値を持つ物が必要になります。それが黄金で、ですから黄金1オンスを、それぞれの国で、その国の通貨ではいくらで買えるのか、が為替の基準になっていました。

そしてこれを行うためには、国境を越えた金融為替機能を持った存在が必要です。その存在のことを国際金融資本といい、ロスチャイルドや、ロックフェラーなどがこうした機能を持ち、世界各国の中央銀行に出資し、それぞれの国の通貨がその年にどれだけ発行され、どれだけ中央銀行によって回収されたのかを厳格に管理することで、実は世界の通貨は成り立っていたし、それが通貨の安定となり、信用となっていました。

ところが中共政府の台頭によって、事態がややこしいことになりました。

▼世に正義と道徳をもたらすもの

グローバル化した現代では、実は国は単に取締機構といった意味にしかなりません。国境が失われた世界で、いかに金儲けをするかが、世界のＶＩＰの志向です。残念なことに、そこに正義はありません。道徳もありません。あるのは、ひたすら「儲け」だけです。

さらに、たとえ買収されたとしても、バレなければ地位を失うこともなく、普通では得ることができないような大金を得ることができます。こうして道徳も正義も失われた世界《というより、そもそもグローバル世界に法も道徳も正義もありませんが》にあるのは、ひたすら欲望だけになります。そうであれば、下手な道徳心や正義感など持たずに、ひたすら欲のままに突き進む者が勝利します。逆に言えば、欲望のままに突き進みたい人たちにとって、最大の障害は正義であり、道徳ということになります。

では世界に正義や道徳をもたらすためには何が必要でしょうか。

ここでよく「教育だ」という人がいますが、いくら個人を教育しても、社会のシステムにおいて、金儲けにしか価値がないなら、教育の成果は水泡に帰します。誰だって生きていかなければならないからです。

世に正義と道徳をもたらすもの。その答えは、実は「古くからの権威の確立」にあります。なぜなら正しいこと、道徳的なことというのは、大昔からそれが正しい、道徳的だとされてきたものの集大成であるからです。泥棒するのは悪いことですが、アリババは泥棒をすることで地位と財を得たという物語を持つ国や民族では、泥棒は正当化されます。けれど、宗教的権威が、アリババよりももっとずっと古い昔から存在するアラーの神が「盗むことは良くない」と言えば、やはり泥棒は悪になります。

ですから、目先の欲望のために、ありとあらゆる正義や道徳を踏みつけたい人は、権威を必死になって否定しようとします。そして、世界で最も古い権威を持つのが、日本です。

さて、ここからが、現在世界で起きている動きです。

中共政府は、国際金融資本による中央銀行を持ちません。ですから当然のことですが、中共の人民元は米ドルと交換することができません。そこで便宜的に、英国領であった香港の銀行が利用されました。香港は英国領ですから香港ドルが使われていました。その香港ドルは米ドルとも、人民元とも両替が可能です。そこで中共や、中共と取引をする企業は、香港ドルを媒介にして中共との交易を行っていました。

▼現代版抜け道錬金術

ところがここに抜け道がありました。

それは、香港ドルも米ドルも、世界の先進国の通貨は、すべて国際金融資本によって、きちんと管理されているのに対し、中共の通貨は、その管理の外にある、ということです。

たとえば1ドル＝１００円だったものが、日本が日本の都合で円札を2倍発行すれば1ドルとの両替は２００円になります。国際金融資本によって、通貨の総量管理がしっかりと行われているからです。ところが中共の人民元は、中共政府が発行し、発行量が情報開示されません。ですからたとえば1元＝１００香港ドル＝1ドルが確定すれば、その後に中共が通貨をいくら増刷しても、為替は1元＝１００香港ドル＝1ドルのままでいられるのです。

これは現代における錬金術です。こうして中共は「米ドルと《間接的に》交換できる」ということだけを通貨の信用と仮想し、ドルを溜め込み、世界の覇権を握ることになったのです。紙を印刷しさえすれば、いくらでもドルと定額で交換できるのです。これは大儲けできるどころの話ではありません。

そうして儲けたお金は、軍拡にも利用されたし、世界の情報技術ネットワークを奪うことにも、また世界中の最先端技術を奪うことにも、そうした事態をバラそうとするメディアにも、不正を行う中共を叩こうとする政治家を叩き潰すためにも、いくらでも使われました。必要なら、紙を印刷するだけで済むのです。お金はいくらでもありました。

そしてこのことが国際金融の舞台で問題視されるようになると、中共は香港そのものを手に入れ、またもはやいちいち紙を印刷することさえも面倒とばかり、今度はデジタルの人民元を自在に米ドルと交換できるようにしようとしました。これが実現すれば、これからは紙さえ要らず、キーボードに好きな金額を打ち込むだけで、いくらでも欲しいだけお金が手に入るようになるのです。

こうした中共の横暴に、神経を尖らせたのが国際金融資本です。国際金融資本も、これまで必ずしも正義であり、道徳的であったとは言えません。けれど、このまま中共の横暴をのさばらせれば、世界の通貨が滅びます。そうなれば、国際金融資本も滅ぶことになります。

国際金融資本は、米国大統領を担いで、中共の横暴の抑え込みにかかろうとしました。しかしそうはいっても、自由を標榜する国で企業活動を制限することはできません。企業は利益を目的とし、中共と結びつくことが、より儲かると思えば、米政府よりも中共を選択するからです。

▼コロナ騒動の内幕

ここで起きたことがコロナ騒動です。世界にはスペイン風邪の恐怖がいまだに記憶されています。14世紀のペストの大流行の記憶もあります。スペイン風邪では世界の人口の3分の1が感染し、そのうちの5人に1人が亡くなりました。ペストはヨーロッパの人口の6割が死滅しました。その恐怖は、儲けようとする企業活動を超えることができます。こうしてコロナのウイルスは米国から中共のウイルス研究施設に流れました。管理のずさんな研究所です。目に見えないウイルスは、あっという間に外部に洩れ、この騒動に、世界の国々はこぞってロックダウンを開始しました。このため企業活動が制限され、中共との交易も停止されていきました。

もっとも、これをチャンスと喜んだのが製薬会社で、ワクチンを開発し《たことにし》て、世界に売りに出しました。ところが開発元の米国の製薬メーカーは、その主要成分の部分を中共に盗まれたか、あるいは結託したか、いま世界に流通しているワクチンは、すべて中共の配布する成分が含まれているといいます。どんなときでも金儲けを狙う商魂のすさまじさです。

さて、交易が制限されると、干乾《ひぼ》しになるのが中共です。なんとか干乾しを解除させたい中共は米国大統領選に介入して、ついに米大統領の首のすげ替えを実現しました。さらにこのことを暴露しようとするメディアも《前もって》買収し、中共に都合の良い報道しか流れないようにしていきました。なにしろカネはいくらでもあるのです。なんでもやりたい放題です。

▼国際金融資本陰謀説は誰が流したか

そしてこのとき、中共がさかんに流したのが国際金融資本の陰謀説です。中共にしてみれば、中共の通貨を制限しようとする国際金融資本の行為は、まさに陰謀そのものであったわけです。歴史を見れば、国際金融資本は、必ずしも良いことばかりをやってきたわけではないし、儲かれば何でもありであったのは事実ですが、それでも中共の我利我利亡者ぶりと比べれば、少なくともそこに正義や道徳というバイアスがかかった分、良心的とまではいえなくても、はるかにマシであったし、悪辣さという意味においても、その差は、天と地、太陽と豆電球ほどの違いがあります。その「ものすごく悪辣な側」が、正常化しようとしている人たちをつかまえて行ったのが「陰謀論」であったわけです。

仮にもし、この戦いが中共の勝利になれば、国際金融資本は崩壊、さらに国際金融資本の影響下にある世界の通貨も自壊し、国際社会の秩序も大混乱に陥ります。とりわけこれまで世界のリードオフマンであった米社会の秩序は崩壊し《というか、すでに崩壊しつつありますが》、米国政府の信用も失墜し、米ドルが崩壊して国債基軸通貨の地位から陥落し、米国は、世界最大の債務国に転落します。すると米国政府は破産状態になりますから、国の行政サービスが停止し、国軍の統一の取れた動きが崩壊します。国の行政サービスには、警察も含まれますが、これもまた崩壊するとなると、米国民は、治安維持のために、州軍や州警察を頼るしかなくなります。すると米国は50の州ごととまではいかなくても、いくつかの州単位に国が分裂することになります。つまり世界最大の軍事力と経済力と情報力を持った米国は、小さな諸国に分裂して消滅することになるのです。

逆に、国際金融資本の側が手を握り合って中共の人民元との為替の禁止を実現すれば、中共政府が崩壊します。すると中共はいくつかの小国に分裂します。そしてそれらの小国に国際金融資本が管理する中央銀行を設立すれば、二度と中共が力を持つことはなくなります。

どちらが勝利するのか。いまギリギリの鍔迫り合いの中で、世界は混沌に包まれているのですが、この大きな戦いの渦中において、日本のメガバンクの一部は、すでに内部にチャイニーズを数多く雇用し、中共に取り込まれてしまっているとの噂があります。このため国際金融取引の場から、締め出しをくらいそうな状況に至っていると言われています。

▼道徳と正義

さて、この国際金融資本対中共の大勝負、現状では中共がやや有利に進めているように見えます。けれど起死回生の策は、ないことはありません。そのひとつが、右に述べた中共包囲網の確立です。そしてもうひとつが、裏切り者のあぶり出しです。昔の戦争は、国と国との戦争でしたが、いまの戦争は、金儲けをしたい人同士の戦争です。そして金儲けは誰もがしたいわけですから、その中で敵《つまり中共》と通じているのが誰なのかを、明確にあぶり出す必要があります。つまりリスト化で、そのリストができれば、公職追放がはじまることになります。それができなければ、米国は崩壊し、国際金融資本も事実上解体されることになります。

この追放は正義の執行であり、道徳的価値を取り戻すための行為です。ということは、正義や道徳とは何かが問題になります。寅さんが正義とかいうだけでは、万人が納得するものになりません。何をもって正義とするのか、そして道徳的とするのか。そこには、「古くからの権威の確立」が必要なのです。そしてこの「古くからの」どころか「世界最古の」権威を持っているのが、日本です。

だから日本が狙われます。日本人には考えられないような犯罪が日本で起きるのも、あたかも日本人が世界の中の極悪残忍民族であるかのような印象を世界に与えるために、そそのかされて行われます。あるいは日本文化を世界に伝える機能を持つスタジオが放火されたりもします。全部とは言いませんが、表面的に個人の犯行のように見せかけられたこの手の犯罪の多くが、実は、外国による日本悪玉論証明のための「やらせ」である可能性もあるのです。

▼急がれる権威の確立

いまやおカネは力《パワー》そのものです。国家権力もまた、一部の人たちのお金儲けの道具に成り下がっています。グローバル化した経済にとって、国は、単に金儲けの道具でしかありません。

当然のことながら、何の正義もなく、ただおカネを得ることだけがパワーの源ということになれば、そこに正義も公正も対等もありません。

実はこの「正義、公正、対等」こそ、権威《ａｕｔｈｏｒｉｔｙ》の３要素と言うべきものです。そしてお金や情報や物理的打撃力といった権力を超えることができるもの、それこそが権威です。

権威の確立には、長い歳月を要します。そしてひとたび権威が確立され、権力をその下に置くことができれば、権力の横暴を防ぐことができます。なぜならいかなる儲け話であったとしても、それが正しい方法でないなら、公正な取引ではないなら、そして儲ける人と一般の多くの民衆が対等ではないなら、その儲け話は否定されるからです。ですから、これをすれば儲かるとわかっていても、あるいは物理的な喧嘩に勝つことができるとわかっていても、あるいはより多くの情報を得ることができるとわかっていても、それを用いないというのが、権威です。

▼日本の目覚めが世界を救う

新しい価値と古い価値が並んだとき、古い価値が正しいとするのが正義と道徳です。

この2つを併せ持ったものを権威といいます。いったん権威が定まれば、正義と道徳が常識になります。すると民度が上がり、最小の力の行使で、より良い世の中を実現することができるようになります。

その権威というものは、一朝一夕には成立しません。たとえば米国の場合、国ができたのが1776年です。まだ245年しか経っていません。これくらいの歳月ですと権威が成立しません。ですから米国は合衆国憲法を唯一の権威と仮想することで国を成立させています。けれどもこれだけでは、正義は確立できても、道徳を確立することができません。そこで宗教上の権威を借りることになります。ところがなまじ自由の国を標榜しているために、異教徒に宗教上の道徳は通じません。結局、国内の治安にも、正義の確立にも、力《パワー》に頼らざるを得ない。結局、権威は確立せず、力が正義になります。これは権力の下に正義が置かれた状態です。正義が権力によって執行されることになるのです。これは、権力の下に正義が置かれている形です。権力が上、正義が下です。つまり権力は正義を超えることができることになります。すると権力者の欲望を抑えることはできなくなります。権力自体が、不公正になるのです。そして権力《この中には大企業や大手メディア、政治などが含まれます》は、より欲望を求めるようになります。

それでも、米国は、必死になって正義や公正を確立しようとしています。そこに米国の良さがあります。ところが中共には、正義も道徳もありません。あるのは権力と欲望だけであり、社会のあらゆる階層が、すべて欲望のためだけに動いています。つまり正義とか道徳といった縛りがないのです。この点において中共は、完全に米国より優位に立つことができます。

つまり中共の横暴を抑え、世界に正義と道徳という普遍的価値を確立するためには、権力というパワーだけでは勝機は生まれないのです。そこに、誰も否定できない正義と道徳という価値を、明確に打ち立てる必要があるのです。

これを持つのが日本です。だから中共は、日本を骨抜きにしようと躍起になるし、世界中のおカネに目がくらんだ大金持ちたちにとっても、日本が敵になるし、日本をなんとしても骨抜きにしようという動きになるのです。

要するに、日本が、そして日本人が目覚めることが、世界に公正と正義と対等を実現する、おおいなる力となるし、人類の未来を開く権威となるのです。日本の目覚めが世界を救うのです。

おわりに

八幡神社は、国内にある神社の中でも最大規模を持つ神社です。そこで祀られる八幡神は古来、武神とされ、斜めのものを真っ直ぐにする働きをされる神様として尊敬を集めてきました。八幡宮の本宮といえば大分県にある宇佐八幡宮ですが、その社殿は鎌倉の鶴岡八幡宮などと同じく、朱色に塗られています。この朱のことを辰砂《しんしゃ》というのですが、原料が水銀と硫黄です。

ご存じの通り、水銀も硫黄も人体には毒物です。だから毒をもって邪気を祓う。そのために辰砂が塗られているのだ、という説明がなされることがあります。けれど、それだけではないと思うのです。八幡神は武神であり、武とは「たける」ことです。そして「たける」は「竹る」で、斜めのものを竹のように真っ直ぐに整えることを言います。そしてこのときに必要なことは、毒だからといって、ただ敵対したり排除したりするのではなく、毒さえも味方にしてしまう。それでいながら、ものごとを常に真っ直ぐに保つ、というメッセージのあるものでもあるように思うのです。

「体斜めなら影斜めなり」という言葉があります。欲に駆られて体の軸が斜めに傾くと、真っ直ぐなものが斜めに見えてしまいます。欲に目がくらんだり、あるいはヒガミからただ皮肉に走ったりということからは、決してより良い未来はひらけません。大切なことは、誰もが豊かに安全に安心して生きることができる未来であって、過去からそういう時代をいただくことができた我々、今を生きる世代にとって必要なことは、もっと豊かで安全で安心して生きることができる未来を、子どもや孫たちのために築いていくことなのではないかと思います。

陰謀という言葉は、いわば魔物であるように思います。なんでも陰謀の二字にしてしまえば、自分たちは被害者になることができます。けれど被害者というだけでは、決して事態の解決はできないものだと思います。

むしろそれらは解決すべき現状の課題と捉え、そして悪さえも味方に付けて善の道を微動だにさせない、強い心こそが、いま、大切な時代になっているのではないかと思います。

皆様にとって、本書がより良い未来への石杖となりますように。

小名木善行　拝

金融経済の裏側

令和 3 年 11 月 24 日　初版発行

著　者　　小名木善行
発行人　　蟹江幹彦
発行所　　株式会社　青林堂
　　　　　〒 150-0002　東京都渋谷区渋谷 3-7-6
　　　　　電話　03-5468-7769
装　幀　　TSTJ Inc.
印刷所　　中央精版印刷株式会社

Printed in Japan

ISBN 978-4-7926-0715-9